Stark wie ein Gorilla, mutig wie eine Löwin

Resilienz entwickeln und fördern in der Kita

Das Praxisbuch

Verlag an der Ruhr

Impressum

Titel
Stark wie ein Gorilla, mutig wie eine Löwin
Resilienz entwickeln und fördern in der Kita – Das Praxisbuch

Autorin
Aline Kurt

Titelbildmotiv und Illustrationen im Innenteil, wenn nicht anders angegeben
Petra Lefin

Lektorat
Katia Simon

Druck
Athesia Druck GmbH, Bozen, IT

Verlag an der Ruhr
Mülheim an der Ruhr
www.verlagruhr.de

Geeignet für Kinder von 3 – 6 Jahren

ISBN 978-3-8346-4090-1

Inhaltsverzeichnis

7 | Mein Ich und ich

27 | Meine Gefühle und ich

51 | Ich schaffe das!

81 | Ich bin mit anderen verbunden

Vorwort

Liebe Erzieherinnen*, liebe Tagespflegepersonen und liebe Eltern,

wir alle wünschen uns für die Kinder in unserem Leben Frieden, Glück und Harmonie. Dass wir die Kinder jedoch nicht vor allen negativen Erfahrungen bewahren können, haben Sie gewiss schon des Öfteren bemerkt.

Kleinere und auch große Schicksalsschläge sind Teil des menschlichen Daseins und tragen letztendlich auch zu unserer Entwicklung bei. Gelingt es uns, alles, was uns im Leben begegnet, anzunehmen, so sind wir resilient. Das lateinische Verb „resilire" bedeutet „zurückspringen" und „abprallen".
Dies beschreibt eine erstrebenswerte Fähigkeit. Resilienz oder auch seelische Widerstandsfähigkeit besteht darin, stets wie Phönix aus der Asche wieder aufzustehen, sich die unsichtbare Krone zu richten und sein Leben weiterzuleben. Resiliente Menschen gehen also aus jeder Krise gestärkt heraus, ohne dass diese ihnen den Boden unter den Füßen wegreißt. Sie nutzen alle Begebenheiten des Lebens, um sich dadurch weiterzuentwickeln.

Unsere Aufgabe als Erwachsene ist es, den Kindern den Weg zur seelischen Widerstandsfähigkeit zu ebnen, indem wir ihnen zunächst ein gutes Vorbild sind. Dies bedeutet, dass wir uns selbst so annehmen, wie wir sind, ohne an uns zu nörgeln oder uns selbst niederzumachen. Es bedeutet auch, dass wir vermitteln sollten: Wir sind Menschen und dürfen als Menschen Fehler machen. Niemand ist perfekt, denn Perfektion gibt es nicht. Da wir alle einzigartig sind, ist jeder in seinem individuellen Sein mehr als gut genug.

SIE sind wundervoll, so wie Sie sind – mit allen Ecken und Kanten. Wird Ihnen dies bewusst und sind Sie in der Lage, diese Tatsache anzunehmen, so können Sie die Kinder bestmöglich unterstützen. Denn nur wenn Sie sich selbst annehmen, können Sie auch die Kinder so annehmen, wie sie sind. Glauben Sie mir, Kinder spüren dies. Ein Kind merkt instinktiv, ob Sie ihm gestatten, seine Persönlichkeit so zu leben, wie sie ist, oder ob Sie es in Veränderungen jeglicher Art drängen möchten.

Um sich anzunehmen, ist es natürlich wichtig, dass die Kinder erst einmal wissen, wer sie eigentlich sind. Dabei hilft Ihnen das erste Kapitel **Mein Ich und ich**. Hier finden Sie verschiedene Bausteine, die der Frage nach dem eigenen Ich auf den Grund gehen. Die Kinder beschäftigen sich dabei mit ihrem Aussehen, ihren Eigenschaften, ihren Stärken und auch ihren Schwächen. Dies ist besonders wichtig, um mit Belastungssituationen adäquat umgehen zu können.

Mir ist bewusst, dass dies im Alltag nicht immer ganz leicht ist. Wird ein Kind wütend und schreit, ist dies für unsere gestressten Ohren nicht immer gut aushaltbar. Hindern Sie das Kind aber daran, seine Wut zu fühlen, so drängen Sie es dazu, seine Gefühle zu begraben. So beginnt ein fataler Teufelskreis. Das Gefühl – hier die Wut – sinkt ins Unterbewusstsein und meldet sich von nun an bei allen möglichen Gelegenheiten noch viel lauter.
Auch wenn es Ihnen schwerfällt, möchte ich Ihnen ans Herz legen, die Kinder ihre Gefühle fühlen zu lassen. Hier reicht es schon, wenn Sie das Kind aktiv wahrnehmen und ihm die Erlaubnis geben, wütend zu sein: „Ich verstehe, dass du wütend bist. Du darfst jetzt auch wütend sein." Hat das Kind seine Wut bewusst gespürt, können Sie ihm dabei helfen, diese zu kanalisieren.

* Im Verlauf des Buches sind in diesem Sinne auch immer alle Personen gemeint, auch wenn aus Gründen der Lesbarkeit nur die weibliche Form abgedruckt ist.

Dies gilt übrigens nicht nur für Wut, sondern für all unsere Gefühle. Genau darum dreht sich auch alles im zweiten Kapitel **Meine Gefühle und ich**.
Die Kinder lernen hier eine Vielzahl an Gefühlen kennen und sie zu benennen. Sie beschäftigen sich mit der Wahrnehmung der Gefühle und lernen, diese anzunehmen. Vor allem die bedingungslose Annahme und das Zulassen aller Gefühle ist ein entscheidender Aspekt auf dem Weg zur seelischen Widerstandsfähigkeit. Gefühle sind, wie der Name schon verrät, zum Fühlen dar. Sie laden uns dazu ein, in unser Innerstes zu tauchen und unser essenzielles Sein wahrzunehmen und zu leben. Wir Menschen neigen jedoch dazu, Gefühle in gut und böse zu unterteilen. Diese Kategorisierung sorgt letztendlich dafür, dass wir Gefühle wie Wut, Traurigkeit, Eifersucht, Neid usw. nicht wahrnehmen möchten. Wir verbieten uns und unseren Kindern das Fühlen dieser Gefühle und schneiden uns damit von uns selbst ab. Dies kann niemals hilfreich sein. Wir alle sind ein Ganzes – bestehend aus Licht und Schatten. Verdrängen wir den Schatten, so sind wir nur halb.

Das dritte Kapitel **Ich schaffe das!** beschäftigt sich mit der Selbstwirksamkeit. Die Kinder lernen hier, optimistisch zu denken, Selbstvertrauen aufzubauen, lösungsorientierte Problembewältigungsstrategien zu entwickeln, und lernen ausgewählte Entspannungsübungen kennen. Das Prinzip der Selbstwirksamkeit spielt in Krisensituationen eine essenzielle Rolle. Um Krisen zu überwinden und gestärkt daraus hervorgehen zu können, ist eine optimistische Denkweise, einhergehend mit dem Vertrauen in die eigenen Fähigkeiten, von enormer Bedeutung, um es sich nicht in dem Loch, in das man in der Krisensituation fällt, „gemütlich machen“ zu wollen. Dabei ist auch ein ausgebautes Stressmanagement von enormer Bedeutung. Es hilft uns letztendlich dabei, nicht alles gleich als Katastrophe zu deuten und die innere Balance nicht zu verlieren.

Das letzte Kapitel dieses Buches widmet sich unter der Überschrift **Ich bin mit anderen verbunden** den Sozialkompetenzen und hilft den Kindern dabei, ein soziales Netzwerk aufzubauen. Gerade in Krisenzeiten ist es wichtig, Menschen in seinem Umfeld zu wissen, die einen auf ihre ganz besondere Weise unterstützen können.

Alle Kapitel dieses Buches sind natürlich auf kindgerechte Weise ausgearbeitet. Sie finden hier Geschichten, Bastelideen, Impulse, Übungen und Lieder, die Sie zum Großteil sofort einsetzen können. Zu jedem Baustein gehört eine Informationsseite, die Sie über Zeitbedarf, Ziel, Material, Vorbereitung und Durchführung informiert. Zu jedem Kapitel gehören außerdem allgemeine Hinweise sowie ein Beobachtungsbogen.

Nun wünsche ich Ihnen und den Kindern eine spannende und Spaß bringende Reise auf dem Weg zur Resilienz. Denken Sie dabei immer daran:
Der Weg ist das Ziel.

In herzlicher Verbundenheit

Aline Kurt

Mein Ich und ich

Allgemeine Hinweise zu diesem Kapitel

In diesem Kapitel dreht sich alles darum, sich selbst besser kennenzulernen. Obwohl der Aspekt des eigenen Selbst in der einschlägigen Resilienzforschung bis heute noch keinen allzu großen Stellenwert hat, ist es meiner Erfahrung nach das Wichtigste, dass die Kinder sich zunächst einmal mit der Frage „Wer bin ich eigentlich?" auseinandersetzen.
Nur wer sich selbst, seinen Körper sowie seine Stärken und Schwächen kennt und zu akzeptieren lernt, kann letztendlich auch seelische Widerstandsfähigkeit entwickeln.
In diesem Kapitel finden Sie deshalb acht Bausteine, die Sie bzw. die Kinder bei der Selbsterkenntnis und -annahme unterstützen können.

Baustein 1 Wer bin ich?

Hier geht es zunächst darum, das eigene Erscheinungsbild genauer unter die Lupe zu nehmen. Dazu erhalten die Kinder einen Handspiegel, in dem sie sich ausführlich betrachten, bevor sie mit Zuckerkreide ein Selbstporträt gestalten. Auch wenn dieser Baustein auf den ersten Blick wenig mit dem Thema Resilienz zu tun haben mag, bitte ich Sie, diesen mit den Kindern durchzuführen. Es ist von enormer Bedeutung, dass die Jungen und Mädchen sich selbst als Individuum sehen, um sich letztendlich von äußeren Widrigkeiten adäquat abgrenzen zu können.

Baustein 2 Mein Körper und ich

In diesem Baustein lernen die Kinder ihren Körper als Bestandteil des eigenen Ichs kennen und entwickeln Respekt und Wertschätzung gegenüber diesem Wunder. Unterstützt werden die Kinder dabei durch eine Entspannungsübung in Form einer Fantasiereise, die sie durch ihren eigenen Körper führt.

Baustein 3 Sonne und Regen

Vorlieben und Abneigungen gehören zu unserem Leben dazu. Auch die Kinder mögen bestimmte Dinge oder eben nicht. Um seelische Widerstandsfähigkeit zu entwickeln und letztendlich alle Ereignisse des Lebens in Frieden und Harmonie annehmen zu können, ist es wichtig, die eigenen Vorlieben und Abneigungen zu kennen, da sie Teil des eigenen Ichs sind. Sind den Kindern die individuellen Vorlieben und Abneigungen bekannt, besteht der nächste Schritt aus der bedingungslosen Annahme. Deshalb ist es wichtig, dass Sie die Übung vollkommen wertfrei durchführen. Sie fungieren hier als Vorbild und zeigen den Kindern, dass sie in Ordnung sind und so bleiben können und dürfen, wie sie sind.
Beim Kennenlernen der eigenen Vorlieben und Abneigungen werden die Kinder durch zwei Kopiervorlagen und ein Gespräch unterstützt.

Baustein 4 Ich bin stark wie ein Gorilla

Die eigenen Fähigkeiten und Stärken zu kennen, sorgt für ein gesundes Maß an Selbstvertrauen und stärkt das Selbstwertgefühl. Beide Aspekte sind sehr wichtig im Hinblick auf die seelische Widerstandsfähigkeit. In diesem Baustein kommen die Kinder mit beidem in Kontakt, indem sie mitgeliefertes Bildmaterial nutzen, um ihr Selbstporträt mit ihren individuellen Stärken zu vervollständigen.

Baustein 5 Auch starke Gorillas sind mal schwach

Eigene Schwächen zu erkennen und diese vor allem auch zu akzeptieren, ebnet den Weg zur seelischen Widerstandsfähigkeit. Auch wenn es auf den ersten Blick kontrovers erscheinen mag, die Kinder mit ihren individuellen Schwächen zu konfrontieren, so ist es doch wichtig, diesen Impuls zu setzen. Mithilfe einer Geschichte wird das Thema eingeführt und die Selbstporträts werden ergänzt.

Baustein 6 Ich habe mich lieb

Selbstliebe ist ein essenzieller Aspekt der Resilienz. Nur wer in der Lage ist, sich selbst zu lieben, kann auch anderen Liebe entgegenbringen, den Widrigkeiten des Lebens trotzen und schwierige Situationen und Erfahrungen in Liebe annehmen. Den Grundstein zur Selbstliebe legen Sie hier mithilfe ausgewählter Übungen, wie einer „Eigenumarmung“ und einem „Wohlfühlknopf“.

Baustein 7 Ich kümmere mich um mich

In diesem Baustein kommen die Kinder mit dem Konzept der Selbstfürsorge in Kontakt. Hierbei handelt es sich um einen wichtigen Aspekt des Selbstkonzeptes. Die Selbstfürsorge ist Teil der Eigenliebe und nimmt gerade in der heutigen Zeit einen großen Stellenwert ein, da viele Kinder zu wenig echte und wahrhaftige Zuwendung und emotionale Fürsorge von uns Erwachsenen erhalten. Um negativen Folgen vorzubeugen und die Kinder auf ihrem Entwicklungsschritt zur Resilienz zu unterstützen, ist dieser Aspekt sehr wichtig. Die Kinder profitieren letztendlich am meisten davon, wenn sie wissen, wie sie sich selbst etwas Gutes tun können.
Ein Dialog mit einer Handpuppe führt das Thema zunächst ein, bevor die Kinder in einem weiteren Schritt eine Schatztruhe basteln.

Baustein 8 In mir wohnen viele – Mimi und Co.

Zum Abschluss des Kapitels lernen die Kinder ausgewählte Denkmuster kennen, die unter dem Begriff „innere Antreiber“ bekannt sind. Dies geschieht mithilfe von selbst gebastelten Figuren.

Tipp für den Alltag

Wenn Sie die Kinder aktiv im Alltag bei der Entwicklung ihrer seelischen Widerstandsfähigkeit begleiten und fördern möchten, ist es wichtig, ihnen stets das Gefühl zu geben, dass sie in ihrer Individualität wundervoll und richtig sind. Werden Kinder immer wieder in ihrer Einzigartigkeit kritisiert und in eine andere Richtung gedrängt, wirkt sich das äußerst negativ auf ihr Selbstbild aus. Sie bekommen dann das Gefühl, nicht in Ordnung zu sein. Vermeiden können Sie diese Entwicklung, indem Sie die Kinder auf der Entdeckungsreise ihres eigenen Ichs aktiv unterstützen und sie dazu ermutigen, sich mit ihren Fähigkeiten, Vorlieben und allem, was ihre Persönlichkeit ausmacht, auseinanderzusetzen. Seien Sie dabei ein gutes Vorbild, indem auch Sie sich selbst annehmen und wertschätzen.

Beobachtungsbogen – Selbstkonzept

Name des Kindes: ....

Geboren am: .... In der Kita seit: ....

Das Kind ...	1 wenig	2	3	4	5 sehr
kann sein Aussehen beschreiben.					
nimmt sich selbst als Individuum wahr.					
erkennt, dass alle Menschen unterschiedlich sind.					
respektiert die Individualität der anderen.					
verfügt über ein Bewusstsein für den eigenen Körper.					
weiß, dass sein Körper ein wichtiger Teil von ihm ist.					
kennt seine eigenen Vorlieben und kann diese äußern.					
kennt seine Abneigungen und kann diese äußern.					
kann sich selbst wertschätzen.					
kennt seine Stärken.					
verfügt über ein gesundes Maß an Selbstwertgefühl.					
besitzt Selbstvertrauen.					
kennt seine Schwächen.					
kann seine Schwächen akzeptieren.					
kann sich selbst so akzeptieren, wie es ist.					
zeigt Bereitschaft zur Selbstliebe.					
weiß, dass Selbstliebe gut und wichtig ist.					
kennt seine Bedürfnisse.					
kann seine Bedürfnisse äußern.					

Besondere Bemerkungen: ....

....

ISBN 978-3-8346-4090-1 | www.verlagruhr.de

Baustein 1 Wer bin ich?

Zeitbedarf: ca. 20 Minuten
\+ Vorbereitungszeit ca. 5 Minuten
\+ Trocknungszeit der Bilder ca. 20 Minuten

Ziel:
sich mit dem äußeren Erscheinungsbild auseinandersetzen; Körperbewusstsein entwickeln; erkennen, dass jeder Mensch einzigartig ist

Material:
- ✔ Zeitungspapier oder Wachstischdecke
- ✔ bunte Kreide in möglichst vielen Farben
- ✔ lauwarmes Wasser
- ✔ pro Farbe eine kleine Schüssel
- ✔ pro Farbe 1 EL Zucker
- ✔ Teller
- ✔ Küchenpapier
- ✔ Haarspray

Für jedes Kind
- ✔ Handspiegel
- ✔ Malkittel
- ✔ Bogen schwarzes Tonpapier (DIN A3)
- ✔ evtl. Malerkrepp

Vorbereitung:
Stellen Sie die Zuckerkreide etwa eine Dreiviertelstunde vor Durchführung des Bausteins her, indem Sie für jede Farbe eine kleine Schüssel mit lauwarmem Wasser füllen. Lösen Sie je einen Esslöffel Zucker darin auf und geben Sie die Kreide hinein. Während diese zieht, sprudelt sie und sinkt auf den Boden der Schüssel.
Legen Sie den Basteltisch mit Zeitungspapier oder einer Wachstischdecke aus. Stellen Sie alle benötigten Materialien bereit.

So geht's:
Kommen Sie mit den Kindern am vorbereiteten Gruppentisch zusammen. Teilen Sie jedem Kind einen Handspiegel aus mit der Bitte, sich in Ruhe darin zu betrachten. Wer mag, kann beschreiben, was er sieht. Dabei unterstützen diese Fragen:

- *Welche Farbe haben deine Augen/deine Haare?*
- *Was fällt dir an deinem Gesicht besonders auf?*
- *Kannst du Sommersprossen entdecken?*

Nachdem jeder die Gelegenheit hatte, sich zu seinem Spiegelbild zu äußern, bekommt jedes Kind einen Bogen Tonpapier. Bei kleineren Kindern empfiehlt es sich, das Tonpapier mit Malerkrepp auf der Unterlage festzukleben, damit es nicht verrutscht.
Legen Sie die nassen Zuckerkreidestücke auf den mit Küchenpapier ausgelegten Teller zum Abtropfen. Mit der Zuckerkreide malt jedes Kind ein buntes Bild von sich selbst. Solange die Kreide feucht ist, malt sie in leuchtenden Farben und haftet gut auf dem Tonpapier.
Sobald alle ihr Selbstporträt fertiggestellt haben, lassen Sie die Bilder trocknen, dann fixieren Sie sie mit Haarspray und versehen sie mit den Namen der Kinder.
Nun darf jeder sein Bild den anderen zeigen. Jedes Werk sollte gewürdigt werden und dabei sollte deutlich werden, dass jeder anders aussieht und auf seine Weise wundervoll ist.
Bewahren Sie die Selbstporträts der Kinder gut auf. Sie können Sie beispielsweise im Gruppenraum aufhängen. Die Porträts werden noch für die Bausteine 4 und 5 benötigt.

Tipp

Dunkle Haare lassen sich auf dem schwarzen Tonpapier gut als Umrisslinie mit einer hellen Kreide gestalten.

Baustein 2 Mein Körper und ich

Zeitbedarf: ca. 10 Minuten
\+ Vorbereitungszeit ca. 5 Minuten

Ziel:
Körperbewusstsein entwickeln; erkennen, dass der Körper Bestandteil des Ichs ist; Wertschätzung für den eigenen Körper steigern

Material:
- ✔ CD-Player
- ✔ CD mit Meditationsmusik

Für jedes Kind
- ✔ Turnmatte
- ✔ 2 Decken
- ✔ Kissen
- ✔ bequeme Kleidung

Vorbereitung:
Legen Sie die Turnmatten im Bewegungsraum aus. Achten Sie auf ausreichend Platz zwischen den Matten.
Breiten Sie auf den Matten je eine Decke aus, damit die Kinder auf einer warmen Unterlage liegen. Legen Sie außerdem für jedes Kind ein Kissen und eine zweite Decke zum Zudecken bereit.
Legen Sie die Entspannungs-CD in den CD-Player ein. Wenn möglich, sorgen Sie für ein wenig Verdunklung.

So geht's:
Jedes Kind wählt eine Matte aus. Darauf macht es sich jeder in der Rückenlage gemütlich. Sobald die Jungen und Mädchen ihre individuelle Liegeposition gefunden haben und zugedeckt sind, weisen Sie die Kinder darauf hin, dass sie jetzt eine Reise durch den eigenen Körper unternehmen. Dabei ist es wichtig, die anderen nicht zu stören. Damit alle die Reise genießen können, sollten alle sich möglichst leise verhalten. Alle Fragen, die Sie stellen, beantworten die Kinder nur im eigenen Kopf. Sobald die Reisebedingungen geklärt sind, geht es los! Lesen Sie die folgende Meditation abschnittweise mit Lesepausen vor. Achten Sie darauf, ausreichend Zeit verstreichen zu lassen, damit die Kinder alle Eindrücke nachvollziehen können. Sie sollten selbst auch allen Impulsen folgen, um ein Gefühl für die benötigte Zeit zu bekommen.

Ich reise in meinen Körper

Schließe deine Augen und mache es dir auf deiner Matte bequem.

Achte auf deinen Atem. Fühle, wie er durch deine Nase tief in deinen Körper wandert. Spüre, wie er beim Ausatmen deinen Körper wieder verlässt. Er nimmt alle Schwere mit sich.

Spüre, wie sich dein Bauch beim Einatmen hebt und beim Ausatmen senkt. Wie fühlt sich das an?

Reise mit deiner Aufmerksamkeit in deine Füße. Stelle dir vor, dass dein Atem dort hinströmt. Wie fühlen sich deine Füße an?

Stelle dir vor, dein Atem fließt jetzt in die Beine. Wie geht es ihnen? Sind sie leicht oder schwer?

Jetzt fließt dein Atem in Bauch und Rücken. Spüre, wie es sich dort anfühlt.

Stelle dir vor, du lässt die Atemluft über die Schultern in deine Arme und Hände fließen. Spüre dort hin. Wie fühlt es sich an?

Jetzt gelangt der Atem in deinen Kopf. Was spürst du?

Öffne nun langsam wieder deine Augen. Willkommen zurück. Wenn du magst, kannst du von deiner Reise erzählen.

Baustein 3 Sonne und Regen

Zeitbedarf: ca. 20 Minuten
\+ Vorbereitungszeit ca. 5 Minuten

Ziel:
sich der eigenen Vorlieben und Abneigungen bewusst werden; Bewusstsein für das eigene Ich entwickeln

Material:
- ✔ Wachstischdecke oder Zeitungspapier

Für jedes Kind
- ✔ Vorlagen „Meine Sonne" (S. 14) und „Meine Regenwolke" (S. 15)
- ✔ Buntstifte

Vorbereitung:
Kopieren Sie die Vorlagen „Meine Sonne" und „Meine Regenwolke" für jedes Kind.
Bereiten Sie den Maltisch vor, indem Sie diesen mit der Wachstischdecke oder dem Zeitungspapier abdecken und die Kopiervorlagen sowie die Stifte bereitlegen.

So geht's:
Setzen Sie sich mit den Kindern an den Maltisch. Zeigen Sie ihnen nacheinander die beiden Vorlagen. Sprechen Sie mit den Kindern mithilfe der folgenden Anregungen darüber:

- *Schau mal, was siehst du auf diesem Bild?*
- *Wie fühlst du dich, wenn du die Sonne anschaust?*
- *Ich fühle mich immer wohl, wenn die Sonne scheint. Ich mag den Sonnenschein. Ich mag auch Hunde, Bücher und das Meer. Was magst du?*
- *Die Sonne erinnert mich an Dinge, die ich gern esse. Ich mag zum Beispiel sonnengereifte Tomaten und Erdbeeren. Die schmecken gut mit Joghurt. Was isst du gern?*
- *Außerdem erinnert mich die Sonne an Sachen, die ich gern mache. Ich gehe gern spazieren und mag es, am Strand Muscheln zu sammeln. Was magst du gern?*

- *Schau dir mal das andere Bild an. Was siehst du darauf?*
- *Wie fühlst du dich, wenn du diese Regenwolke betrachtest?*
- *Mich erinnert die Regenwolke an Dinge, die ich nicht so gern mag, zum Beispiel Regen oder Streit. Was magst du nicht?*
- *Die Regenwolke erinnert mich auch an all die Dinge, die ich nicht so gern mache. Ich räume zum Beispiel nicht so gern die Spülmaschine aus. Was machst du nicht gern?*

Verdeutlichen Sie den Kindern in dem Gespräch unbedingt, dass es hier um Vorlieben bzw. Abneigungen geht.
Anschließend malen die Kinder die Dinge, die sie gern tun und mögen, in ihre Sonnen-Vorlage und alles, was ihnen nicht gefällt und was sie nicht gern tun, in die Regenwolken-Vorlage.
Schauen Sie abschließend alle gemeinsam die Bilder an. Was fällt auf? Jeder hat andere Vorlieben bzw. Abneigungen. Ist das nicht schön? So bleibt die Welt bunt und abwechslungsreich!

Meine Sonne

Diese Dinge mag ich gern.
Sie sind wie Sonnenschein in meinem Herzen:

ISBN 978-3-8346-4090-1 | www.verlagruhr.de

Meine Regenwolke

Diese Dinge mag ich nicht.
Sie sind wie eine graue Regenwolke in meinem Herzen.

ISBN 978-3-8346-4090-1 | www.verlagruhr.de

Baustein 4 Ich bin stark wie ein Gorilla

Zeitbedarf: ca. 20 Minuten
\+ Vorbereitungszeit ca. 5 Minuten

Ziel:
die eigenen Stärken erkennen; Selbstwertgefühl aufbauen

Material:
- ✔ Wachstischdecke oder Zeitungspapier

Für jedes Kind
- ✔ Selbstporträt aus Baustein 1
- ✔ Vorlage „Meine Gorillakräfte" (S. 17)
- ✔ Buntstifte
- ✔ Schere
- ✔ Bastelkleber

Vorbereitung:
Kopieren und vergrößern Sie die Vorlagen „Meine Gorillakräfte" für jedes Kind auf DIN A3. Um die Tische zu schützen, empfiehlt es sich, diese mit einer Wachstischdecke oder Zeitungspapier abzudecken. Legen Sie alle Materialien bereit.

So geht's:
Setzen Sie sich mit den Kindern an den Gruppentisch. Erzählen Sie ihnen, dass Gorillas starke Tiere sind. Nicht nur ihr Körper ist stark. Sie haben auch viele Kräfte, die wir im ersten Augenblick nicht sehen oder nicht als Stärke identifizieren können.
Betrachten Sie gemeinsam die Gorillas auf der Vorlage. Welche Stärken sind zu sehen? Sprechen Sie in der Gruppe darüber. Die folgenden Fragen können Ihnen dabei helfen:

- *Was siehst du auf dem Bild?*
- *Was macht der Gorilla hier?*
- *Warum ist der Gorilla auf diesem Bild stark? Was denkst du?*

Nachdem allen Kindern die einzelnen Stärken bzw. positiven Eigenschaften des Gorillas deutlich geworden sind, teilen Sie an jeden eine eigene Kopiervorlage aus. Die Jungen und Mädchen überlegen, über welche dieser Stärken sie selbst auch verfügen, und malen die entsprechenden Gorillas aus.
Das leere Feld auf der Vorlage nutzen die Kinder, um hier eine ihrer Stärken zu malen, die auf den Gorilla-Bildern nicht zu sehen ist.
Die ausgemalten und ausgeschnittenen Bilder ihrer persönlichen Stärken kleben die Kinder abschließend auf die Rückseite ihres Selbstporträts.
Wer mag, kann jetzt seine Kunstwerke mit seinen persönlichen Stärken den anderen Kindern in der Gruppe zeigen und dazu etwas erzählen.
Hier sollte unbedingt klar werden, dass keine Stärke wichtiger oder wertvoller ist als eine andere. Jeder Mensch ist einzigartig. Zu dieser Einzigartigkeit zählen eben auch unterschiedliche Stärken.

1. Der Gorilla malt.
2. Der Gorilla spielt mit einem Ball.
3. Der Gorilla tanzt.
4. Der Gorilla tröstet einen Freund.
5. Der Gorilla kümmert sich um ein Haustier.
6. Der Gorilla hört einem Freund zu.
7. Der Gorilla singt.

(Wenn Sie oder die Kinder in den Bildern andere Fähigkeiten und Stärken entdecken, ist das natürlich genauso gültig!)

Meine Gorillakräfte

Illustration: Petra Lefin

Illustration: Petra Lefin

Illustration: Petra Lefin

Illustration: Petra Lefin

Illustration: Petra Lefin

Illustration: Petra Lefin

Illustration: Petra Lefin

ISBN 978-3-8346-4090-1 | www.verlagruhr.de

Baustein 5 Auch starke Gorillas sind mal schwach

Zeitbedarf: ca. 25 Minuten
+ Vorbereitungszeit ca. 5 Minuten

Ziel:
eigene Schwächen kennenlernen; erkennen, dass Schwächen zum menschlichen Sein gehören

Material:
✔ Wachtischdecke oder Zeitungspapier

Für jedes Kind
✔ Selbstporträt aus Baustein 1
✔ 3 Notizzettel
✔ Buntstifte
✔ Bastelkleber

Vorbereitung:
Legen Sie die Selbstporträts der Kinder aus Baustein 1, die bereits in Baustein 3 ergänzt wurden, auf dem abgedeckten Gruppentisch zusammen mit den Malutensilien bereit.

So geht's:
Nehmen Sie mit den Kindern am Gruppentisch Platz. Lesen Sie ihnen die folgende Geschichte vor. Achten Sie darauf, langsam und deutlich zu lesen, damit die Kinder, passend zum Inhalt, entsprechende Bilder vor ihrem geistigen Auge erzeugen können.

Gismo ist traurig

In der Gorilla-Kita ist mächtig was los. Heute ist Sportfest und alle Gorillakinder toben ausgelassen. Ihre Freude sieht man den Affenkindern schon von Weitem an.
Nur einer wirkt so gar nicht glücklich. Gorilla Gismo sitzt traurig unter einem großen Baum. Die anderen Gorillas sind viel zu beschäftigt, um zu bemerken, was mit Gismo los ist. Das macht ihn gleich noch trauriger, denn scheinbar merkt keiner, wie es ihm geht. Gismo fühlt sich einsam. Während er sich selbst furchtbar leidtut, landet plötzlich etwas Kleines, Flauschiges auf seiner Schulter. Es ist Resi, das Rotschwänzchen. Der kleine Vogel schaut Gismo an und fragt: „Was ist mit dir?"
„Ich bin traurig", erklärt Gismo.
„Das sehe ich. Aber warum bist du traurig?", fragt Resi.
„Ich kann nicht weit springen und deshalb bin ich beim Sportfest ausgeschieden. Das ist blöd", meint Gismo.
„Ich verstehe, dass dich das traurig macht, Gismo. Aber weißt du, niemand kann alles. Ich zum Beispiel kann überhaupt nicht zwitschern – was für einen Vogel ziemlich ungünstig ist, weil wir ja eigentlich alle zwitschern. Aber mich stört das nicht. Dafür kann ich sehr gut tanzen. Ich bin was Besonderes – so wie jeder etwas Besonderes ist!", erklärt Resi und führt Gorilla Gismo gleich mal ihren Lieblingstanz vor.
Mit einem Mal spürt Gismo seine Traurigkeit nicht mehr. Resis Tanzeinlage ist so mitreißend, dass er gleich mitmachen muss. Gemeinsam tanzen die beiden ausgelassen und merken dabei gar nicht, dass die anderen Gorilla-Kinder das ungleiche Paar beobachten. Erst durch den tosenden Applaus werden sie aufmerksam. Da merkt Gismo, dass er etwas ganz besonders gut kann: Freude an etwas haben.

Geben Sie den Kindern zunächst die Gelegenheit, sich frei zur Geschichte zu äußern, und sprechen Sie gemeinsam darüber, dass jeder Stärken und auch Schwächen hat.
Anschließend malt jedes Kind seine eigenen Schwächen – bzw. was es dafür hält – auf Notizzettel. Diese werden auf die Rückseite der Selbstporträts geklebt.

Baustein 6 Ich habe mich lieb

Zeitbedarf: ca. 10 Minuten
+ Vorbereitungszeit ca. 5 Minuten

Ziel:
Selbstliebe aktivieren

Material:
für jedes Kind

✔ Sitzkissen
✔ Handspiegel

Vorbereitung:
Legen Sie die Sitzkissen in einen großen Kreis. Legen Sie vor jedem Kissen einen Handspiegel bereit.

So geht's:
Nehmen Sie gemeinsam mit den Kindern im Sitzkreis Platz. Führen Sie dort gemeinsam die folgenden Übungen durch.

Die Umarmung

Alle berühren mit der linken Hand ihre rechte Schulter und legen die rechte Hand auf die linke Schulter. Diese Umarmung halten die Kinder, solange es sich angenehm anfühlt.
Anfangs mag sich die Eigenumarmung etwas komisch anfühlen, doch nach kurzer Zeit werden die Kinder ein angenehmes, warmes Gefühl der Geborgenheit spüren.
Erzählen Sie den Kindern, dass sie sich diese Umarmung jederzeit selbst geben können, wenn sie möchten.
Überlegen Sie gemeinsam, in welchen Situationen man eine Eigenumarmung besonders gut gebrauchen kann. Auf diese Weise erhalten die Kinder ein wertvolles Instrument, um sich selbst Trost und Zuwendung zu schenken. Dies können sie beispielsweise nach einem Streit, Traurigkeit oder Angst nutzen.

Der Wohlfühlknopf

Die Kinder streichen sich selbst sanft mit der rechten Hand über den linken Oberarm. Ergänzend können sie sich auch mit der linken Hand über den rechten Oberarm streichen. Wer möchte, erzählt darüber. Unterstützend können Sie die folgenden Fragen stellen:

- *Wie ist es für dich, wenn du dich auf diese Weise berührst?*
- *Wie fühlt sich das für dich an?*

Nach der Lehre der traditionellen chinesischen Medizin sitzt hier übrigens ein Teil des sogenannten „Dreifachen Erwärmers". Dies ist ein Meridian, der nicht nur für wohlige Wärme sorgt, sondern auch für die Ausschüttung von Oxytocin. Dieses Bindungshormon stärkt unser Vertrauen und fördert soziale Bindungen an geliebte Lebewesen. Darüber hinaus sorgt Oxytocin auch dafür, dass wir uns wohlfühlen.

Ich liebe mich

Nachdem die Kinder durch die ersten beiden Übungen ihre Selbstliebefähigkeit schon aktiviert haben, bekräftigen sie nun die positive Einstellung gegenüber sich selbst, indem sie in den Spiegel schauen und laut zu sich selbst sagen: „(Name des Kindes), ich liebe dich."
Auch diese Übung fühlt sich zunächst sicher ungewohnt und seltsam an, aber sie wirkt!
Deshalb sollte jedes Kind diesen wichtigen Satz so oft sagen, bis es ihn aus tiefstem Herzen sprechen kann. Seien Sie auch hier ein gutes Vorbild – die Kinder spüren, ob Sie das, was Sie sagen, auch tatsächlich ernst meinen.

Baustein 7 Ich kümmere mich um mich

Zeitbedarf: ca. 30 Minuten
\+ Vorbereitungszeit ca. 5 Minuten

Ziel:
eigene Bedürfnisse erkennen; erste Erfahrungen im Bereich der Selbstfürsorge sammeln

Material:
- ✔ Wachstischdecke oder Zeitungspapier
- ✔ Handpuppe oder Stofftier

Für jedes Kind
- ✔ Vorlage „Meine Schatztruhe" (S. 21)
- ✔ Bogen Tonkarton (DIN A4)
- ✔ Schere
- ✔ Bastelkleber
- ✔ 4–5 Notizzettel
- ✔ Buntstifte

Vorbereitung:
Kopieren Sie die Vorlage „Meine Schatztruhe" für jedes Kind. Um den Tisch zu schützen, empfiehlt es sich, ihn mit einer Wachstischdecke oder Zeitungspapier abzudecken. Legen Sie alle Materialien bereit.

So geht's:
Setzen Sie sich mit den Kindern an den vorbereiteten Basteltisch und sprechen Sie mit ihnen über gesunde Selbstfürsorge und wie wichtig sie ist. Nutzen Sie dazu die Handpuppe oder das Stofftier und führen Sie mit dieser/diesem einen kurzen Dialog.
Dabei können Sie gern den folgenden Vorschlag aufgreifen:

Erzieherin: *Sag mal, Sam, warum bist du eigentlich immer so glücklich? Wie machst du das?*
Handpuppe: *Ach, ich bin gar nicht immer glücklich. Manchmal fühle ich mich auch traurig oder einsam.*
Erzieherin: *Und was machst du dann?*
Handpuppe: *Dann schaue ich, was ich machen kann, damit ich mich besser fühle.*
Erzieherin: *Lenkst du dich dann ab?*
Handpuppe: *Nein, auf keinen Fall! Das hast du falsch verstanden. Ich lasse meine Gefühle immer zu. Ich spüre beispielsweise die Traurigkeit. Dafür ist sie ja da. Dann weiß ich: So fühlt sich Traurigsein an. Aber danach frage ich mich, was mir jetzt guttut. Genau das mache ich dann.*
Erzieherin: *Und was tut dir in solchen Momenten gut?*
Handpuppe: *Ich spiele gern draußen. Das tut mir gut. Aber jeder mag andere Sachen.*
Erzieherin: *Danke für den Tipp, Sam, du hast mir sehr geholfen.*

Im ersten Teil haben Sie den Kindern durch diesen Dialog die Bedeutung eines guten Umgangs mit dem eigenen Selbst deutlich gemacht. Sprechen Sie gemeinsam darüber. Sie können auch Ideen sammeln, was man tun kann, wenn es einem nicht gut geht, beispielsweise mit dem Lieblingsstofftier kuscheln oder Musik hören.
Im zweiten Teil des Angebotes verteilen Sie an jedes Kind die kopierte Schatztruhen-Vorlage. Diese wird zunächst auf den Tonkarton geklebt, bemalt, mit dem Namen des Kindes versehen und dann ausgeschnitten. Anschließend falzen die Kinder die Schatztruhe an den Linien und kleben sie an den entsprechenden Markierungen zusammen. Helfen Sie dabei, falls nötig. Bitten Sie die Kinder, auf die Notizzettel Dinge zu malen, die ihnen guttun. Das sind ihre Schätze.
Die Zettel werden gefaltet in der Schatztruhe verstaut. Bei Bedarf oder auch ritualisiert, zieht jedes Kind einen Zettel aus seiner Truhe und schenkt sich genau das, was darauf abgebildet ist.
Schön ist es, wenn die Kinder die Aspekte von Zeit zu Zeit ergänzen und weitere Zettel für ihre Selbstfürsorge-Schatzkiste gestalten.

Meine Schatztruhe

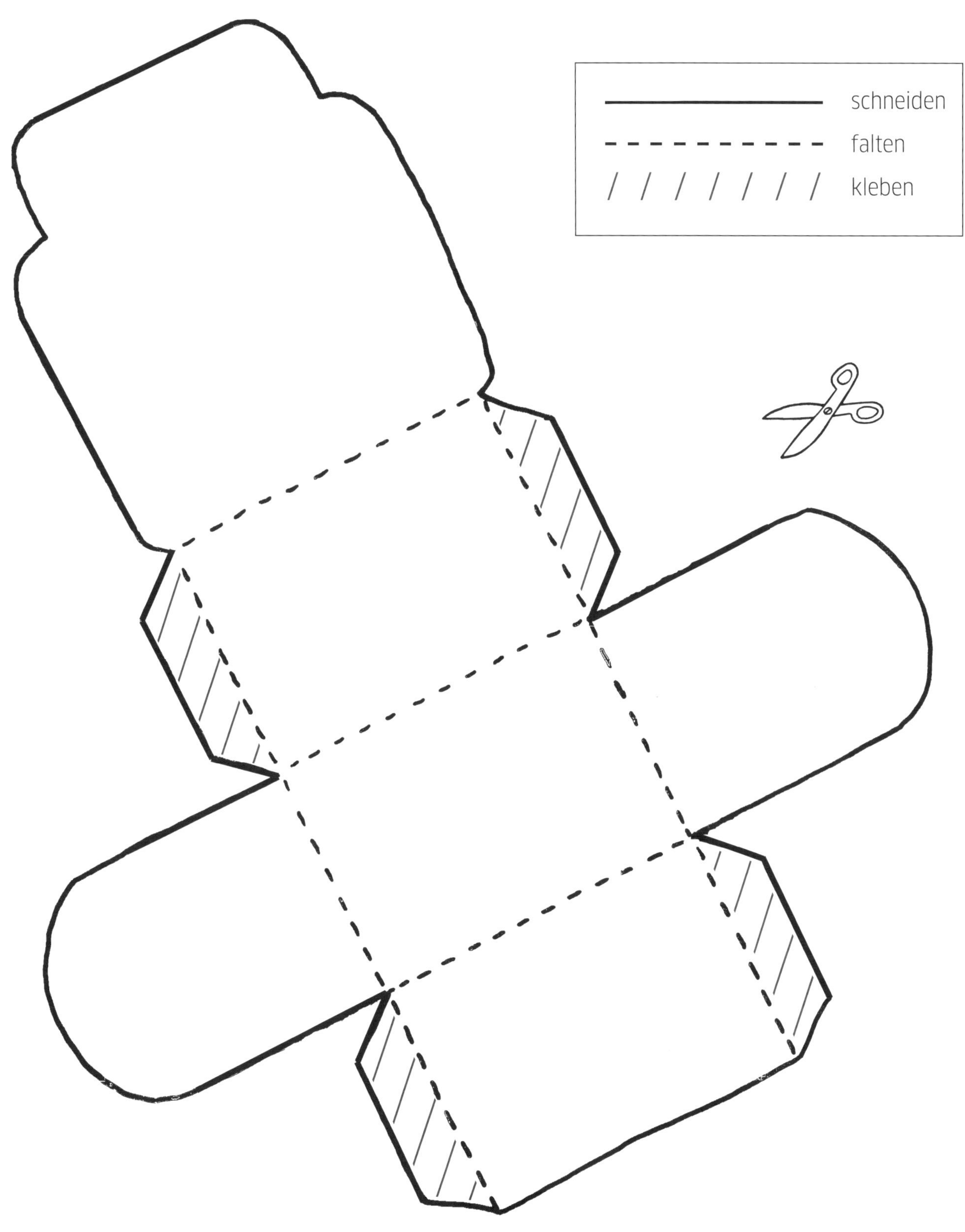

Baustein 8 In mir wohnen viele – Mimi und Co.

Zeitbedarf: ca. 25 Minuten
+ Vorbereitungszeit ca. 10 Minuten

Ziel:
erkennen, dass die eigenen Einstellungen und Handlungen sich in inneren Dialogen ausdrücken; ausgewählte innere negative Denkmuster kennenlernen

Material:
- ✔ kopierte Vorlagen „Mimi und Co." (S. 24–26)
- ✔ Schere
- ✔ Bastelkleber
- ✔ evtl. Laminiergerät mit Folien
- ✔ evtl. Büroklammern
- ✔ leere Küchenpapierrolle
- ✔ 4 leere Toilettenpapierrollen

Für jedes Kind
- ✔ Sitzkissen

Vorbereitung:
Legen Sie die Sitzkissen im Halbkreis aus. Schneiden Sie die kopierten Vorlagen (am besten Farbkopien) der fünf Mäuse „Mimi und Co." aus. Für eine längere Haltbarkeit und mehr Stabilität können Sie die Mäuse laminieren.*
Kleben Sie die große Mimi-Maus auf die aufgestellte, leere Küchenrolle. Die anderen Mäuse kleben Sie auf je eine aufgestellte, leere Toilettenpapierrolle. Alternativ können Sie die Mäuse auch mit Büroklammern an den Rollen befestigen.

So geht's:
Kommen Sie mit den Kindern im vorbereiteten Sitzkreis zusammen. Zeigen Sie ihnen die große Maus Mimi. Erzählen Sie den Kindern:

Das ist Mimi. In Mimis Körper wohnen viele verschiedene Stimmen. Sie alle sind ein Teil von Mimi. Mimi kann die verschiedenen Mäuse-Stimmen in ihrem Kopf hören. Die eine sagt: „Ich will spielen!". Die andere sagt: „Nein, ich hab Hunger!" Und noch eine ruft dazwischen: „Ich muss noch aufräumen!" Das ist ganz normal. Die meisten Menschen haben solche inneren Stimmen. Sie sagen ganz unterschiedliche Sachen. Aber manche Mäuse-Stimmen hört Mimi öfter als andere.

Stellen Sie den Kindern nun nacheinander auch die vier ausgewählten inneren Mäuse-Stimmen von Mimi vor, die für häufige „innere Antreiber" stehen. Lassen Sie die Kinder die Illustrationen in Ruhe betrachten. Zu jeder inneren Stimme finden Sie im Folgenden eine kindgerechte Erklärung mit Beispielen, anhand derer die Kinder die Denkmuster besser verstehen können. Wenn Sie die abschließenden Fragen stellen, lassen Sie die Kinder die Mäuse in die Hand nehmen und aus deren Perspektive antworten.

Alles-falsch!-Maus

Die Alles-falsch!-Maus sieht immer nur das Schlechte. Bei vielem, was Mimi macht, sagt diese Maus ihr Sätze wie: „Mensch, Mimi, das hast du ja schon wieder falsch gemacht" oder „Du kannst aber auch gar nichts."

- *Was denkt ihr: Wie fühlt sich das für Mimi an, wenn ständig jemand mit ihr schimpft?*
- *Stellt euch vor, Mimi würde eine Tasse runterfallen und sie zerbricht. Was würde die Alles-falsch!-Maus dazu sagen?*
- *Stellt euch vor, Mimi hätte heute zwei verschiedene Strümpfe angezogen. Was sagt die Alles-falsch!-Maus dazu?*

* Wenn Sie laminieren, seien Sie unbedingt vorsichtig. Arbeiten Sie nicht mit dem heißen Gerät in der Nähe der Kinder und runden Sie nach dem Laminieren die scharfen Ecken ab.

Das-geht-schief!-Maus

Die Das-geht-schief!-Maus denkt immer, alles läuft schief. Sie versucht, Mimi immer vor allem Möglichen zu warnen. Allerdings übertreibt es diese Maus dabei sehr gern, denn meistens gibt es gar keinen Grund zur Sorge. Wenn Mimi zum Beispiel schwimmen lernen möchte, sagt die Das-geht-schief!-Maus: „Um Gottes willen. Du kannst unmöglich ins Wasser gehen. Du könntest ja untergehen!"

- *Was glaubt ihr: Wie fühlt sich Mimi, wenn die Das-geht-schief!-Maus so mit ihr spricht?*
- *Stellt euch vor, Mimi möchte ein Spiegelei braten. Was würde die Das-geht-schief!-Maus dazu sagen?*
- *Stellt euch vor, Mimi möchte allein in den Wald gehen. Was denkt die Das-geht-schief!-Maus wohl dazu?*

Mach-schnell!-Maus

Die Mach-schnell!-Maus glaubt immer, dass Mimi ganz viel tun muss. Sie möchte nicht, dass sich Mimi ausruht. Sie will, dass Mimi immer in allem besser wird. Das ist für Mimi ganz schön anstrengend. Oft hört Mimi von ihr Sätze wie: „Jetzt beeil dich mal." oder „Du kannst dich jetzt nicht ausruhen!"

- *Was glaubt ihr: Wie fühlt sich das für Mimi an, wenn sie nie zur Ruhe kommt?*
- *Stellt euch vor, Mimis Mama will, dass Mimi ihr Zimmer aufräumt. Doch Mimi möchte gern erst einen Mittagsschlaf machen. Was würde die Mach-schnell!-Maus dazu sagen?*
- *Stellt euch vor, Mimi könnte beim Sportfest nicht so schnell rennen. Wie lautet der Kommentar der Mach-schnell!-Maus dazu?*

Sei-lieb!-Maus

Die Sei-lieb!-Maus möchte immer, dass Mimi von allen gemocht wird. Sie will niemals Streit haben und möchte auch nicht, dass jemand böse auf Mimi ist. Mimi hört von ihr oft Sätze wie: „Nein, das kannst du nicht sagen, sonst ist der andere böse!", „Nein, du darfst das nicht tun, sonst ist der andere traurig." oder „Du darfst nicht so viel an dich selbst denken. Mache alles, damit es den anderen gut geht!"

- *Könnt ihr euch vorstellen, wie anstrengend das für Mimi ist?*
- *Was glaubt ihr: Wie fühlt sich Mimi, wenn die Sei-lieb!-Maus mit ihr spricht?*
- *Stellt euch vor, Mimi hätte ein neues Spielzeug. Ihre beste Freundin möchte dieses Spielzeug auch gern haben. Was würde die Sei-lieb!-Maus zu Mimi sagen?*
- *Stellt euch vor, Mimis Mama würde mit Mimi schimpfen. Was sagt die Sei-lieb!-Maus dann zu Mimi?*

Nachdem die Kinder im ersten Teil einen guten Einblick in die inneren Stimmen erhalten haben, die jedem von uns aus unserem Unterbewusstsein heraus von Zeit zu Zeit das Leben schwermachen, stellen Sie ihnen eine Technik im Umgang mit den „Quälgeistern" vor:

Ich habe euch eben erzählt, dass wir alle solche inneren Stimmen haben. In den meisten von uns wohnen diese kleinen Mimis, die ihr gerade kennengelernt habt. Wann immer ihr das Gefühl habt, nicht gut genug zu sein, mehr machen zu müssen oder ein ungutes Gefühl verspürt, fragt euch, welche dieser Mäuse-Stimmen da gerade mit euch spricht.
Sagt dieser Maus in Gedanken: „Danke, dass du mich beschützen willst. Aber ich bin schon groß und ich schaffe das allein!" Dann wird die Mäuse-Stimme sofort ganz leise.

Mimi und Co. (1/3)

Illustration: Petra Lefin

ISBN 978-3-8346-4090-1 | www.verlagruhr.de

Mimi und Co. (2/3)

Illustration: Petra Lefin

Illustration: Petra Lefin

ISBN 978-3-8346-4090-1 | www.verlagruhr.de

Mimi und Co. (3/3)

Illustration: Petra Lefin

Illustration: Petra Lefin

ISBN 978-3-8346-4090-1 | www.verlagruhr.de

Meine Gefühle und ich

Allgemeine Hinweise zu diesem Kapitel

Um seelische Widerstandsfähigkeit entwickeln zu können, ist es unerlässlich, sich mit Gefühlen und Emotionen auseinanderzusetzen. Nur wer in der Lage ist, seine Gefühle zu erkennen und letztendlich auch anzunehmen, kann resilient sein und es vor allem auch auf lange Sicht bleiben. Jegliche Stürme des Lebens, die zwangsläufig Höhen und Tiefen mit sich bringen, rufen Gefühle in uns wach. Können wir Wut, Trauer, Angst und dergleichen nicht zulassen und als Ist-Zustand annehmen, tauchen diese Gefühle tief ins Unterbewusstsein ab und boykottieren von dort aus unsere seelische Widerstandskraft. Damit dies nicht geschieht und die Kinder einen gesunden Umgang mit ihren Gefühlen entwickeln können, finden Sie in diesem Kapitel sieben ausgewählte Bausteine zum Thema Gefühle.

Baustein 1 Gefühle unter der Lupe

In diesem Baustein geht es zunächst darum, ausgewählte Gefühle kennen und benennen zu lernen. Diese Gefühle entdecken die Kinder mithilfe einer Zauberfolie, die Sie im Handumdrehen selbst herstellen können.

Baustein 2 Gefühle erkennen

Hier lernen die Kinder bei einem Spiel, unterschiedliche Gefühle auf körperlicher Ebene in Form von Mimik und Gestik bei sich und anderen zu erkennen sowie zu benennen. Unterstützt werden sie dabei von Bildkarten.

Baustein 3 Ich habe Gefühle

Mit einem Lied lernen die Kinder Gefühle als Bestandteil des Lebens kennen und entwickeln Akzeptanz für alle Emotionen.

Baustein 4 Gefühle sind zum Fühlen da

Eine Geschichte unterstützt die Jungen und Mädchen dabei, die Bedeutung von Gefühlen zu erkennen und zu lernen, alle Gefühle anzunehmen.

Baustein 5 Wo meine Gefühle wohnen

Gefühle sind nicht bloß Gedanken in unseren Köpfen, sondern zeigen sich aktiv auf körperlicher Ebene. Genau darum dreht sich alles in diesem Baustein. Mithilfe kleiner Impulse nehmen die Kinder ihre Gefühle aktiv wahr und spüren diese in ihrem Körper auf. Anschließend zeichnen die Kinder den Sitz ihrer Gefühle in einen Körperumriss auf einer kopierten Vorlage ein.

Baustein 6 So sehen meine Gefühle aus

Negativ empfundene Gefühle, wie Wut, Trauer und Angst, nehmen wir alle ungern aktiv wahr. Doch um derartige Gefühle hinter sich lassen zu können, müssen wir sie zunächst wahrnehmen und annehmen. Das ist essenziell.
Um den Kindern diesen Schritt zu erleichtern, formen sie ihre Gefühle aus Salzteig. Das hilft ihnen dabei, die Furcht vor negativ empfundenen Emotionen zu verlieren.

Baustein 7 Heute fühle ich mich ...

In diesem Baustein basteln die Kinder eine Gefühlsuhr, mit deren Hilfe sie ihre eigenen Gefühle nicht nur für sich selbst, sondern auch für andere äußerlich sichtbar machen können. Die Gefühlsuhr können die Kinder sowohl zu Hause als auch in der Kita einsetzen. Vor allem im Rahmen des Morgenkreises lässt sich die Gefühlsuhr prima benutzen.

Baustein 8 Mein Wutball

Wut ist ein Gefühl, das viele Menschen negativ empfinden und am liebsten unterdrücken. Dabei ist die Wut wie alle unsere Gefühle ein wichtiger Aspekt des eigenen Selbst. Wut darf, soll und muss aktiv wahrgenommen und gelebt werden! Ansonsten sackt sie ins Unterbewusstsein und führt die Kinder von dort aus immer wieder in Situationen, die Wut auslösen. Allerdings bedeutet dies keineswegs, dass Wut willkürlich an anderen ausgelassen werden soll. Deshalb enthält Baustein 8 ein wertvolles Instrument im Umgang mit der Wut. Die Kinder basteln hier einen Wutball, der ihnen dabei hilft, diese kraftvolle Emotion zu kanalisieren. Immer wenn sie Wut verspüren, können sie ihren Wutball kneten, darauf schlagen oder ihn auch treten.

Baustein 9 Odin und die Angst

In diesem Baustein lernen die Kinder Odin, das Opossum, kennen. In der Geschichte um die kleine Beutelratte erfahren die Jungen und Mädchen, dass Angst ein Gefühl ist, das wie alle anderen Gefühle seine Daseinsberechtigung hat.
Die zur Geschichte passenden Illustrationen helfen dabei, das Gehörte besser nachzuvollziehen, und tragen dazu bei, dass allen Kindern ein bewusster Umgang mit ihren individuellen Ängsten ermöglicht wird.

Tipp für den Alltag

Wie schon erwähnt, ist eine Auseinandersetzung mit den eigenen Gefühlen und die Fähigkeit, diese zuzulassen, unerlässlich für die Entwicklung seelischer Widerstandsfähigkeit.
Deshalb empfehle ich Ihnen sehr, den Kindern einen positiven Umgang mit allen Emotionen vorzuleben und so zu erleichtern. Fällt ein Kind hin, sind seine Trauer und sein Schmerz berechtigt. Nimmt ihm ein anderes Kind ein Spielzeug weg, so darf ein Kind auch Wut, Neid oder Eifersucht zeigen.
ALLE Gefühle müssen wahr- und angenommen werden. Gefühle sind zum Fühlen da! Unterstützen Sie die Kinder, indem Sie sie mit ihren aktuellen Gefühlen annehmen und ihnen gestatten, diese völlig werturteilsfrei aktiv zu fühlen und zum Ausdruck zu bringen.
Sprechen Sie selbst über Ihre Gefühle. So zeigen Sie den Kindern, dass Gefühle ein normaler Bestandteil des Lebens sind, und helfen ihnen dabei, einen gesunden Umgang mit Gefühlen zu lernen.

Beobachtungsbogen – Gefühlswahrnehmung

Name des Kindes: ....

Geboren am: .... In der Kita seit: ....

Das Kind ...	**1 wenig**	**2**	**3**	**4**	**5 viel**
kennt verschiedene Gefühle.					
kann Gefühle benennen.					
kann seine Gefühle angemessen zeigen.					
kann seine Gefühle angemessen äußern.					
kann Gefühle bei anderen erkennen.					
nimmt Gefühle aktiv wahr.					
kann seine Gefühle zulassen und annehmen.					
kann Gefühle auf der Körperebene lokalisieren.					
weiß um die Bedeutung der Gefühle.					
lässt auch negativ empfundene Gefühle zu.					
kennt Wege, um seine Wut in konstruktive Bahnen zu lenken.					
erkennt seine Ängste.					
kann über seine Ängste sprechen.					

Besondere Bemerkungen: ....

....

ISBN 978-3-8346-4090-1 | www.verlagruhr.de

Baustein 1 Gefühle unter der Lupe

Zeitbedarf: ca. 20 Minuten
\+ Vorbereitungszeit ca. 10 Minuten

Ziel:
ausgewählte Gefühle kennen- und benennen lernen; erkennen, dass es eine Vielzahl an Gefühlen gibt

Material:

Für jedes Kind

- ✓ Vorlagen „Gefühle unter der Lupe" und „Lupe" (S. 32/33)
- ✓ Kopierfolie
- ✓ Schere
- ✓ schwarzer Tonkarton (DIN A4)
- ✓ Klebestreifen

Vorbereitung:
Kopieren Sie die Vorlage „Gefühle unter der Lupe" für jedes Kind auf Kopierfolie. Legen Sie diese Folie jeweils auf einen Bogen schwarzen Tonkarton und kleben Sie beide Bögen am oberen Rand mit einem Klebestreifen zusammen. Fertig ist die Zauberfolie. Kopieren Sie anschließend für jedes Kind die Lupe, die sich auf der zweiten Kopiervorlage befindet, am besten auf etwas festeres Papier.

So geht's:
Nehmen Sie mit den Kindern am Gruppentisch Platz. Verteilen Sie an jedes Kind die vorbereitete Zauberfolie sowie die Lupen-Vorlage. Bitten Sie die Jungen und Mädchen, ihre Lupe außen herum auszuschneiden. Kleinere benötigen dabei gegebenenfalls Ihre Hilfe.

Sobald die Vorbereitungen abgeschlossen sind, kann jedes Kind seine Lupe zum Einsatz bringen: Sie wird zwischen die Folie und den Tonkarton geschoben und dort hin- und her bewegt. Einzelne Bildausschnitte lassen sich so sichtbar machen. Lassen Sie den Kindern ausreichend Zeit, die dargestellten Szenen und Gefühle genau unter die Lupe zu nehmen.

Besprechen Sie anschließend die einzelnen Bildinhalte anhand der folgenden Fragen:

- *Was siehst du?*
- *Welche Gefühle hast du?*
- *Hast du dieses Gefühl auch schon mal gehabt? Kennst du es?*
- *Wie war das?*
- *Wie fühlen sich Freude, Wut, Trauer oder Angst an?*
- *Was fühlt man, wenn einem etwas leidtut?*
- *Und was spürt man, wenn man nicht beachtet wird?*

Gefühle unter der Lupe

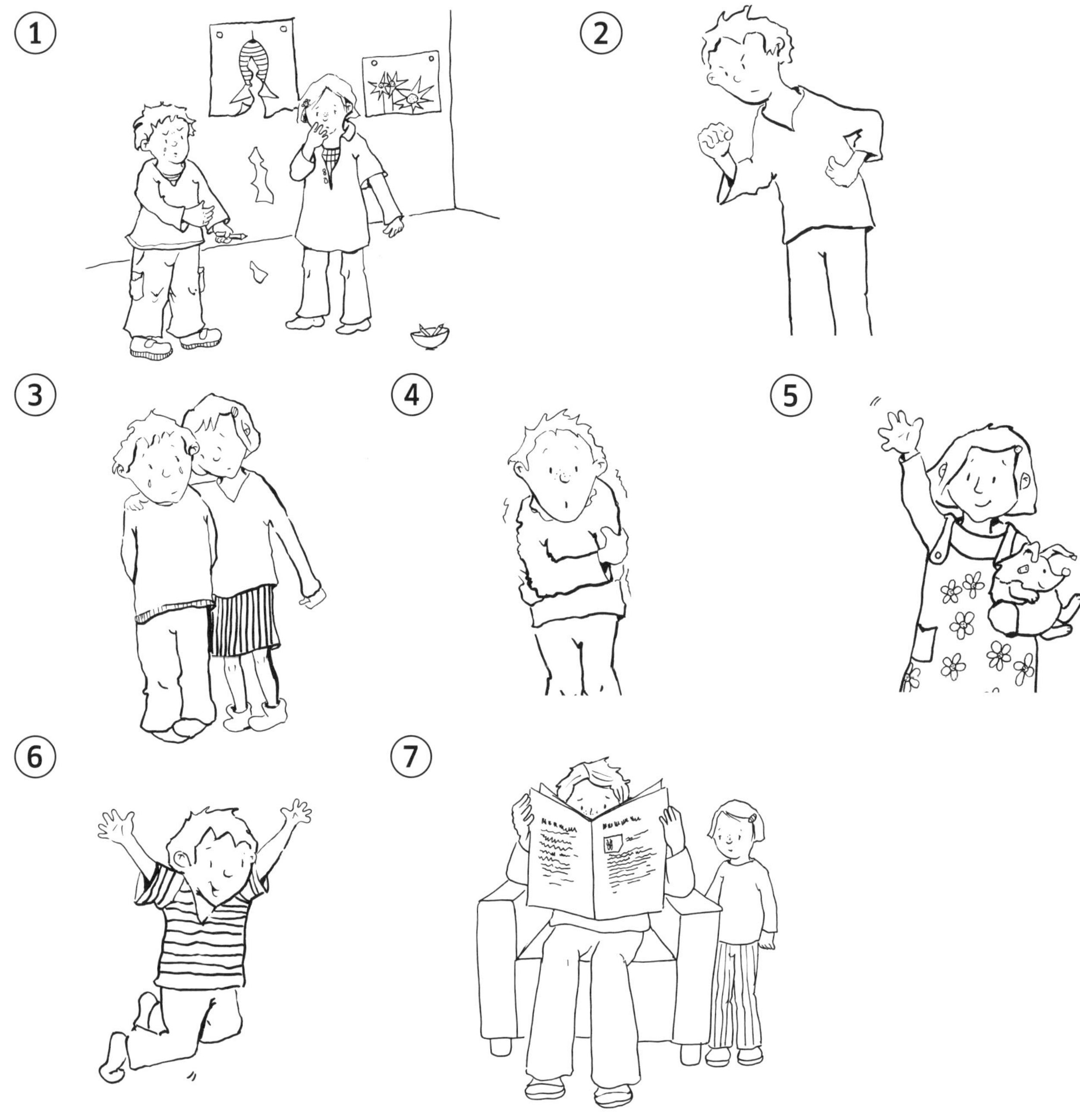

1. „Das tut mir leid. Das wollte ich nicht." und „Ich bin wütend und traurig."
2. „Ich bin wütend."
3. „Ich bin traurig." und „Ich fühle mit und tröste dich."
4. „Ich habe Angst."
5. „Ich bin glücklich."
6. „Ich freue mich."
7. „Ich möchte gesehen werden. Hör mir zu."

ISBN 978-3-8346-4090-1 | www.verlagruhr.de

Lupe

ISBN 978-3-8346-4090-1 | www.verlagruhr.de

Baustein 2 Gefühle erkennen

Zeitbedarf: ca. 25 Minuten
+ Vorbereitungszeit ca. 15 Minuten

Ziel:
Gefühle auf körperlicher Ebene in Form von Mimik und Gestik bei sich und anderen erkennen und benennen

Material:
- ✔ Vorlage „Gefühle erkennen – Spielkarten" (S. 35)
- ✔ 2 Bögen Tonkarton (DIN A4)
- ✔ Bastelkleber
- ✔ evtl. Laminiergerät mit Folien
- ✔ Schere

Für jedes Kind
- ✔ Sitzkissen

Vorbereitung:
Kopieren Sie die Gefühlskarten 2-fach und kleben Sie diese jeweils auf einen Bogen Tonkarton. Alternativ dazu können Sie die Karten für bessere Haltbarkeit und mehr Stabilität auch laminieren.*
Schneiden Sie die einzelnen Karten anschließend aus. Mischen Sie die Karten und legen Sie sie auf einen Stapel.

So geht's:
Legen Sie die Sitzkissen im Halbkreis aus und nehmen Sie mit den Kindern darauf Platz. Der verdeckte Kartenstapel liegt in der Mitte.
Ein freiwilliges Kind zieht nun eine der Karten vom Stapel. Es betrachtet die Karte und flüstert Ihnen das abgebildete Gefühl ins Ohr. Hat das Kind das dargestellte Gefühl richtig erkannt, stellt es dieses für die anderen pantomimisch dar.
Das Kind, das das Gefühl zuerst richtig errät, darf die nächste Karte ziehen.
Wenn alle Karten benutzt wurden, ist das Spiel zu Ende.

Variation
Nicht allen Kindern fällt es leicht, Gefühle pantomimisch darzustellen. Sollten Sie Schwierigkeiten in Ihrer Gruppe feststellen, können Sie mit den Karten alternativ Schnipp-Schnapp spielen.
Dazu benötigen Sie die Karten im doppelten Satz, kopieren die Vorlage also 4-mal. Legen Sie jeden Kartensatz verdeckt auf einen Stapel. Beide Stapel liegen nebeneinander auf dem Tisch. Als Spielleiter decken Sie jeweils die oberste Karte auf.
Ist auf beiden Karten das identische Gefühl abgebildet, benennen die Kinder es. Wem dies zuerst gelingt, der darf beide Karten behalten.
Sind zwei verschiedene Gefühle abgebildet, werden beide Karten unten in die Stapel gesteckt und die nächsten beiden Karten aufgedeckt.
Wer die meisten Karten ergattert hat, wenn die Stapel leer sind, hat die Runde gewonnen.

Tipp

Manchmal kommt es vor, dass sich partout nicht die gleichen Gefühle zeigen wollen. In diesem Fall können Sie die oberste Karte auf dem einen Stapel offen liegen lassen und vom anderen Stapel so oft eine neue Karte aufdecken, bis endlich ein Paar zum Vorschein kommt. Anschließend wird weitergespielt wie oben beschrieben.

* Wenn Sie laminieren, seien Sie unbedingt vorsichtig. Arbeiten Sie nicht mit dem heißen Gerät in der Nähe der Kinder und runden Sie nach dem Laminieren die scharfen Ecken ab.

Gefühle erkennen – Spielkarten

Freude

Illustration: Petra Lefin

Überraschung

Illustration: Petra Lefin

Trauer

Illustration: Petra Lefin

Wut

Illustration: Petra Lefin

Angst

Illustration: Petra Lefin

ISBN 978-3-8346-4090-1 | www.verlagruhr.de

Baustein 3 Ich hab Gefühle

Zeitbedarf: ca. 10 Minuten
+ Vorbereitungszeit ca. 10 Minuten

Ziel:
Gefühle als Bestandteil des Lebens erkennen; Akzeptanz aller Gefühle entwickeln

Material:
✔ Lied „Ich hab Gefühle" (S. 37)

Vorbereitung:
Machen Sie sich vorab mit dem Lied und den zugehörigen Bewegungen vertraut.

So geht's:
Singen Sie den Kindern das Lied zunächst vor und zeigen Sie die zugehörigen Bewegungen.
Beim zweiten Durchgang können die Kinder bereits mit einstimmen. Beim dritten Durchgang machen die Jungen und Mädchen zusätzlich oder nur die Bewegungen mit.

Liedtext	*Bewegungen*
1) *Ich hab Gefühle, das ist so wunderbar.*	Arme ausbreiten, auf der Stelle tanzen und Arme schwingen lassen
Und die Gefühle sind immer für mich da. Sie zeigen mir genau wie es mir so geht.	sich selbst umarmen und im Takt wiegen
Refrain: *Dum, di da, di dum, di da, di dum, di da, di dum, di da, di*	im Takt hüpfen und klatschen
2) *Mal bin ich wütend, das spür ich tief in mir. Kraftvoll und mächtig, so tobt es in mir drin. Ich stampf und schnaube*	wütend die Arme in die Hüften stemmen, mit dem Fuß aufstampfen
und lass die Wut heraus.	die Hände nach unten den Körper entlang ausstreichen
Refrain	
3) *Mal bin ich traurig,*	Schultern hängen lassen
ich hab nen Kloß im Hals.	an den Hals fassen
Mir kommen Tränen, schlimm ist das keinesfalls. Ich lass die Tränen zu,	mit den Zeigefingern über die Wangen streichen
bis ich mich besser fühl.	die Hände nach unten den Körper entlang ausstreichen
Refrain	
4) *Mal bin ich ängstlich und zitter fürchterlich. Ich bin so schwach und ich fühl mich ohnmächtig.*	zittern imitieren
Ich höre meine Angst und rede dann mit ihr.	sich selbst umarmen
Refrain	
5) *Meist bin ich glücklich ja, und dann lache ich.*	auf der Stelle hüpfen und lachen
Grinsend und tanzend umarme ich die Welt.	auf der Stelle tanzen, ein anderes Kind umarmen
Ich freue mich so sehr und teil mit euch mein Glück.	
Refrain	

Ich hab Gefühle

Melodie: traditionell, Text: Aline Kurt

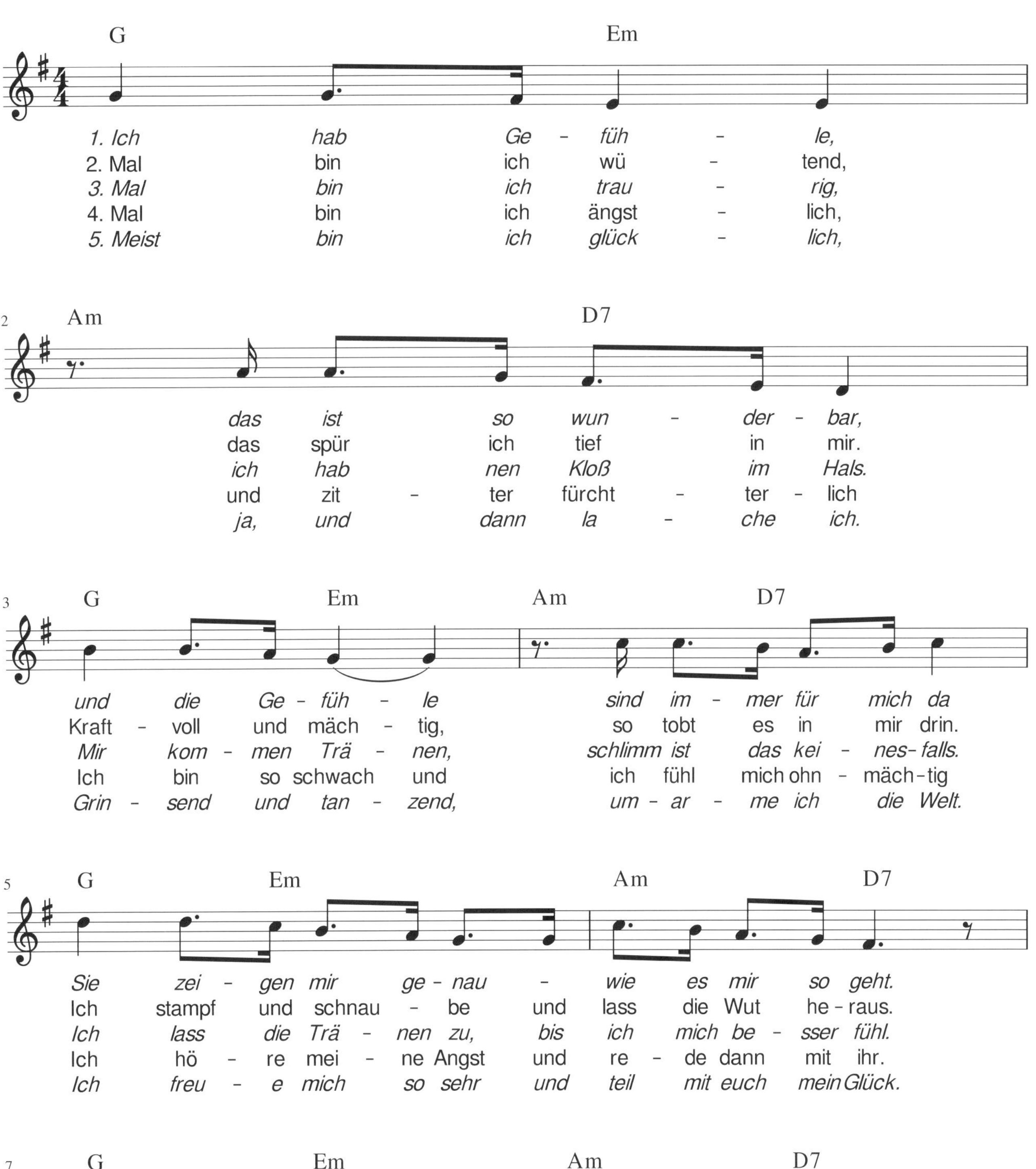

ISBN 978-3-8346-4090-1 | www.verlagruhr.de

Baustein 4 Gefühle sind zum Fühlen da

Zeitbedarf: ca. 10 Minuten

Ziel:
Bedeutung von Gefühlen erkennen; alle Gefühle annehmen lernen

Material:
keines

Vorbereitung:
keine

So geht's:
Lesen Sie den Kindern die folgende Geschichte vor. Achten Sie darauf, langsam und deutlich zu lesen sowie Pausen zu machen, damit die Kinder, passend zum Inhalt, entsprechende Bilder vor ihrem geistigen Auge erzeugen können.

Schildis Panzer

Schildi, die Schildkröte, sitzt gemütlich am Teich und knabbert hingebungsvoll an einem langen Grashalm. Das süße Gras schmeckt bei der großen Hitze besonders lecker.
Während Schildi ihren Grashalm genießt, flattert plötzlich Rabe Rudi heran.
„Hey, weg da! Das ist mein Platz", verkündet Rudi und stupst Schildi unsanft mit seinem Schnabel an.
„Was soll denn das?", will Schildi wissen.
„Du bist hier nicht erwünscht. Das ist Rabengebiet. Da haben Schildkröten nichts verloren", meckert Rudi und verpasst Schildi einen erneuten Stoß.
Schildi spürt, wie etwas ihren Hals zuschnürt. Es ist ein großer Kloß, der sich da in Sekundenschnelle breit macht.
Schildi kennt diesen Kloß. Er kommt immer dann, wenn Schildi traurig ist. Das mag sie gar nicht. Deshalb zieht sich Schildi schnell in ihren Panzer zurück. Hier ist sie vor der Traurigkeit sicher.
Und Rudi? Der kleine Rabe nimmt zufrieden ein Bad im großen Teich. Schließlich ist die störende Schildkröte verschwunden – zumindest fast.
Stunden vergehen und Schildi ist noch immer in ihrem Panzer versteckt, als es plötzlich sanft klopft.
„Geh weg", brummt Schildi.
Doch das Klopfen, das eher einem Streicheln gleicht, lässt nicht nach. Es ist Maja, die Waldmaus.
„Schildi, komm raus. Es ist ein herrlicher Tag. Du verpasst ja das ganze Leben, wenn du in deinem Panzer hockst", ruft Maja fröhlich.
Aber Schildi mag nicht. Was ist, wenn die Traurigkeit dann wiederkommt?
Als könnte Maja Schildis Gedanken lesen, erklärt die Maus: „Weißt du, Schildi, Gefühle fühlen sich nicht immer schön an. Traurigkeit, Angst und Wut können sehr unangenehm sein. Aber auch das sind Gefühle und Gefühle sind nun mal zum Fühlen da. Wenn du deine Traurigkeit zulässt und sie spürst, dann kann sie auch wieder gehen. Aber das geht nicht, wenn du dich in deinem Panzer versteckst."
Schildi denkt über das nach, was Maja erzählt hat. Es ist schon dunkel, als die Schildkröte ihren Panzer verlässt. Schildi atmet tief ein. Dann macht sie etwas, das sie noch nie zuvor getan hat. Sie lässt zu, ihre Traurigkeit zu fühlen. Dicke Tränen rollen über ihr Schildkrötengesicht.
Und dann geschieht ein Wunder: Schildi spürt eine neue, starke Freude. Die Freude ist so groß, dass sie am liebsten die ganze Welt umarmen würde. Jetzt versteht Schildi, was es heißt, Gefühle zuzulassen, und sie beschließt, von nun an alle Gefühle dankbar anzunehmen.

Wenn die Kinder mögen, können sie sich nun über ihren eigenen Umgang mit Gefühlen äußern und darüber sprechen, was Schildi von Maja gelernt hat.

Baustein 5 Wo meine Gefühle wohnen

Zeitbedarf: ca. 15 Minuten
\+ Vorbereitungszeit ca. 5 Minuten

Ziel:
Gefühle aktiv wahrnehmen und im Körper aufspüren

Material:
✔ Vorlage „Wo meine Gefühle wohnen" (S. 40)
✔ Buntstifte

Vorbereitung:
Kopieren Sie die Vorlage „Wo meine Gefühle wohnen" für jedes Kind. Legen Sie die Kopien zusammen mit den Buntstiften auf dem Maltisch bereit.

So geht's:
Versammeln Sie sich mit den Kindern am Maltisch. Jeder erhält eine Vorlage, die er vor sich legt. Bitten Sie die Jungen und Mädchen nun, ihre Augen zu schließen, und lesen Sie langsam vor. Achten Sie darauf, ausreichend Pausen zu machen:

1. *Wir alle sind manchmal traurig. Traurig zu sein, ist ein normales Gefühl. Jeder hat andere Gründe dafür, traurig zu sein.*
   Denke nun an etwas, das dich traurig gemacht hat. Fühle in deinen Körper hinein. Wo kannst du die Traurigkeit spüren? Wie fühlt sie sich für dich an? Wenn du das Gefühl richtig gut spürst, dann öffne deine Augen. Suche dir einen Stift in der passenden Farbe aus und male damit in den Körper auf dem Papier, wo du das Gefühl überall gespürt hast.

2. *Es gibt Dinge und Situationen, die uns wütend machen. Das ist vollkommen okay. Wut ist ein Gefühl, das jeder kennt. Es ist nichts Schlimmes, wütend zu sein.*
   Stelle dir in Gedanken etwas vor, das dich wütend macht. Lasse die Wut so richtig groß werden und achte darauf, wie sich das anfühlt. Achte auch darauf, wo du die Wut in deinem Körper spürst. Wenn du die Wut fühlen kannst, öffne deine Augen.
   Wähle einen Stift in der Farbe aus, die für dich zur Wut passt, und male damit dort in die Figur, wo du das Gefühl wahrgenommen hast.

3. *Wenn es uns so richtig gut geht, fühlen wir uns glücklich.*
   Stelle dir nun vor, dass du von ganzem Herzen glücklich bist. Spüre in deinen Körper hinein. Wie fühlt sich das an? Wenn du das Gefühl so richtig gut spüren kannst, öffne deine Augen.
   Suche dir einen Stift in der Farbe aus, die für dich zu dem Gefühl passt. Male mit dem Stift in dieser Farbe dort, wo du das Glücksgefühl im Körper gespürt hast.

Sie können die Kinder nun noch bitten, weitere Gefühle auszuwählen und ebenfalls auf die beschriebene Weise in den Körper auf der Vorlage zu malen.
Achten Sie bitte darauf, die Übung mit einem als positiv empfundenen Gefühl, wie Dankbarkeit oder Liebe, zu beenden, um die Kinder wieder mit einer positiven Grundstimmung aufzuladen.

Wenn die Jungen und Mädchen Lust haben, können sie abschließend ihre Bilder gegenseitig präsentieren und sie gegebenenfalls erläutern.

Wo meine Gefühle wohnen

ISBN 978-3-8346-4090-1 | www.verlagruhr.de

Baustein 6 So sehen meine Gefühle aus

Zeitbedarf: ca. 15 Minuten
+ Vorbereitungszeit ca. 10 Minuten
+ mehrere Tage Trocknungszeit

Ziel:
Gefühlen eine Form geben, um sie annehmen zu können; die Furcht vor negativ empfundenen Emotionen verlieren

Material:
- ✔ Wachstischdecke oder Zeitungspapier

Für jedes Kind
- ✔ Malkittel

Material für 450 g Salzteig:
- ✔ 150 g Mehl
- ✔ 150 g Salz
- ✔ 150 g warmes Wasser
- ✔ je 1 Tube Lebensmittelfarbe (rot, grün, gelb, blau)
- ✔ große Schüssel
- ✔ 4 kleine Schüsseln

Vorbereitung:
Bereiten Sie den Salzteig bereits im Vorfeld zu.

1. Geben Sie das Mehl in die große Schüssel.
2. Fügen Sie das Salz hinzu.
3. Vermischen Sie beide Zutaten mit den Händen.
4. Geben Sie langsam das Wasser hinzu.
5. Verkneten Sie die Zutaten zu einem geschmeidigen Teig. Sollte dieser zu klebrig sein, fügen Sie noch etwas Mehl hinzu. Ist der Teig zu trocken, schafft Wasser Abhilfe.
6. Teilen Sie den Teig in vier gleich große Portionen auf.
7. Geben Sie jede Portion in eine Schüssel.
8. Fügen Sie in jede Schüssel eine andere Lebensmittelfarbe hinzu und kneten Sie diese gut ein.

Bevor die Kinder den Salzteig einsetzen, sollten Sie die Tische mit Wachstischdecken abdecken.

So geht's:
Jedes Kind zieht einen Malkittel an.
Überlegen Sie gemeinsam mit den Kindern, welche Gefühle sie kennen. Sobald Gefühle wie Wut, Traurigkeit, Angst und Freude benannt sind, erhält jedes Kind die Möglichkeit, diesen Gefühlen mit Salzteig eine Form zu verleihen:
Erzählen Sie den Kindern, dass alle Menschen diese Gefühle kennen. Um mit den Gefühlen besser umgehen zu können, kann man sich jedes Gefühl auch als Figur vorstellen.
Die Jungen und Mädchen entscheiden sich nun für ein Gefühl, das sie darstellen möchten, und wählen für sich eine dafür passende Farbe aus. Aus einem Stück Salzteig in dieser Farbe kneten sie anschließend eine passende Figur für ihr Gefühl.
Die Figuren können sehr unterschiedlich aussehen. Es kann beispielsweise für das Gefühl der Wut genauso ein roter Teufel wie eine grüne Schlange entstehen. Wichtig ist, dass jedes Kind völlig wertfrei seine eigene Gefühlsfigur herstellen darf.
Wer möchte, kann auch Figuren zu anderen Gefühlen kneten.
Nach einigen Tagen sind die Figuren ausgehärtet und können von den Kindern mit nach Hause genommen werden.
Auf diese Weise versinnbildlicht, verlieren vor allem die negativ empfundenen Gefühle, wie Wut, Angst und Traurigkeit, ihren Schrecken.

Baustein 7 Heute fühle ich mich ...

Zeitbedarf: ca. 15 Minuten
+ Vorbereitungszeit ca. 5 Minuten

Ziel:
sich der eigenen Gefühle bewusst werden; diese Gefühle zum Ausdruck bringen

Material:

Für jedes Kind

- ✔ Vorlagen „Heute fühle ich mich ..." (S. 43/44)
- ✔ Tonkarton (DIN A4)
- ✔ Schere
- ✔ Bastelkleber
- ✔ Musterbeutelklammer

Vorbereitung:
Kopieren Sie die beiden Vorlagen für jedes Kind. Legen Sie alle Materialien auf dem Basteltisch bereit.

So geht's:
Erzählen Sie den Kindern, dass sie heute eine Gefühlsuhr basteln. Dies ist eine besondere Uhr, denn mit dieser können die Kinder anzeigen, wie sie sich gerade fühlen. Teilen Sie den Kindern die beiden Bastelvorlagen aus und nennen Sie ihnen die einzelnen Bastelschritte. Kleinere Kinder benötigen dabei eventuell Ihre Hilfe:

1. *Klebe die Uhr (den Kreis) und den Zeiger auf den Tonkarton.*
2. *Schneide die Uhr und den Zeiger aus.*
3. *Schneide die Kindergesichter aus.*
4. *Klebe die Kindergesichter in die Uhr. In jedes Feld deiner Uhr kommt ein Bild.*

Diese Bastelschritte übernehmen Sie bitte für die Kinder, um ein Verletzungsrisiko auszuschließen: Stechen Sie in jede Uhr an der Markierung in der Mitte ein Loch. Lochen Sie bitte auch den Zeiger an der entsprechenden Stelle. Fixieren Sie den Zeiger mithilfe der Musterbeutelklammer an der Uhr.

Nun darf die Gefühlsuhr selbstverständlich gleich ausprobiert werden. Geben Sie den Jungen und Mädchen dazu ein wenig Zeit, in sich hineinzuspüren und sich ihrer aktuellen Emotion bewusst zu werden.
Sind die Kinder so weit, stellen sie den Zeiger ihrer Gefühlsuhr auf das Gesicht, das die passende Emotion repräsentiert.
Wer mag, zeigt den anderen, welches Gefühl seine Uhr anzeigt.
Achten Sie dabei unbedingt auf den Aspekt der Freiwilligkeit. Nicht jedes Kind möchte über seine Gefühle sprechen. Dies ist völlig in Ordnung. Um den Kindern das Zeigen der Emotionen zu erleichtern, können Sie noch einmal darauf hinweisen, dass alle Gefühle gut, wichtig und richtig sind.

Heute fühle ich mich … (1/2)

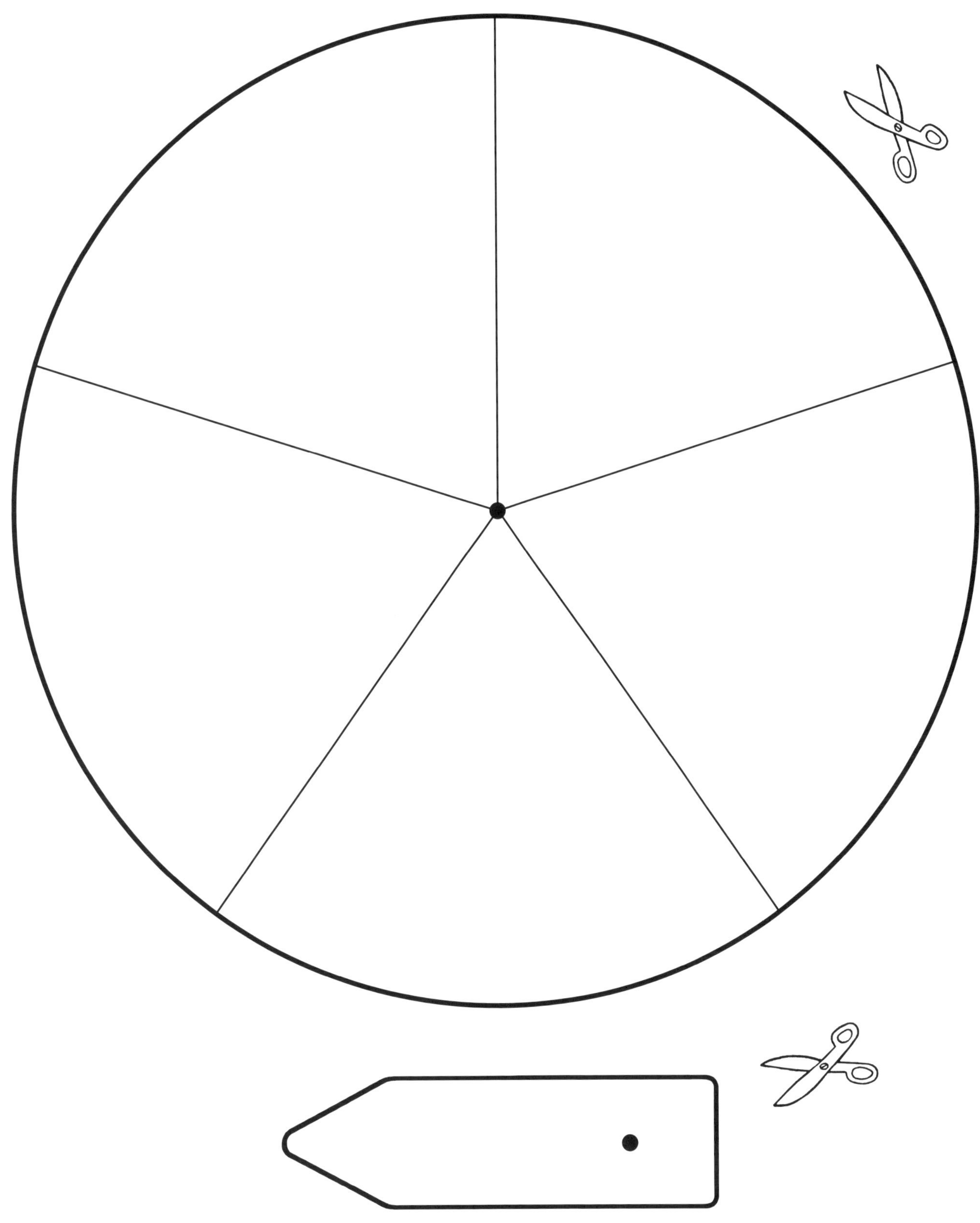

ISBN 978-3-8346-4090-1 | www.verlagruhr.de

Heute fühle ich mich ... (2/2)

ISBN 978-3-8346-4090-1 | www.verlagruhr.de

Baustein 8 Mein Wutball

Zeitbedarf: ca. 15 Minuten
+ Vorbereitungszeit ca. 10 Minuten

Ziel:
Möglichkeiten im Umgang mit Wut kennenlernen

Material:
Für jedes Kind
✔ 3 Luftballons
✔ Schere
✔ 1-2 EL Sand
✔ kleine Schale
✔ Teelöffel
✔ wasserfester Filzstift (vorher ausprobieren!)

Vorbereitung:
Füllen Sie den Sand für jedes Kind in eine kleine Schale und stellen Sie die Materialien auf dem Basteltisch bereit.

So geht's:
Erklären Sie den Kindern, dass sie Wutbälle basteln. Erklären Sie ihnen vorab die einzelnen Arbeitsschritte. Jüngere Kinder benötigen vermutlich Ihre Hilfe.

1. Schneide von allen Luftballons den oberen, schmalen Teil ab.

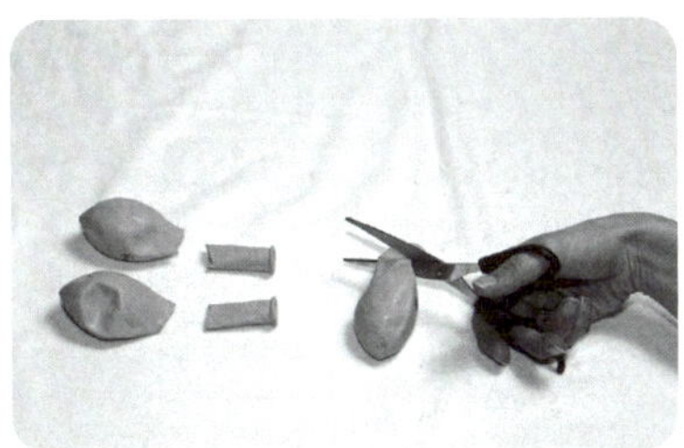

2. Fülle einen Luftballon mit Sand. Benutze dazu deinen Löffel.

3. Stülpe nun einen zweiten Luftballon über die offene Seite des gefüllten Luftballons.

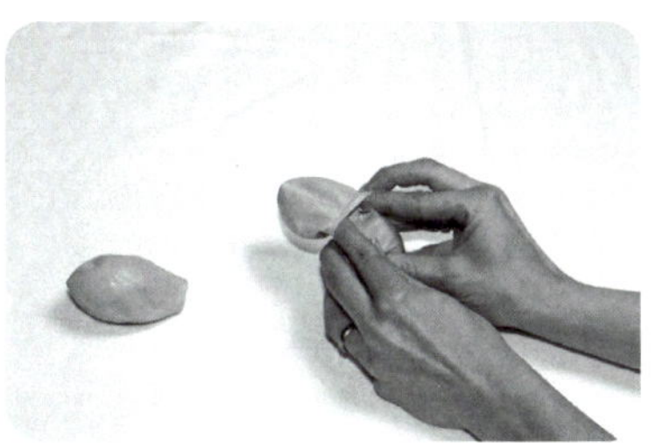

4. Stülpe den dritten Luftballon darüber.

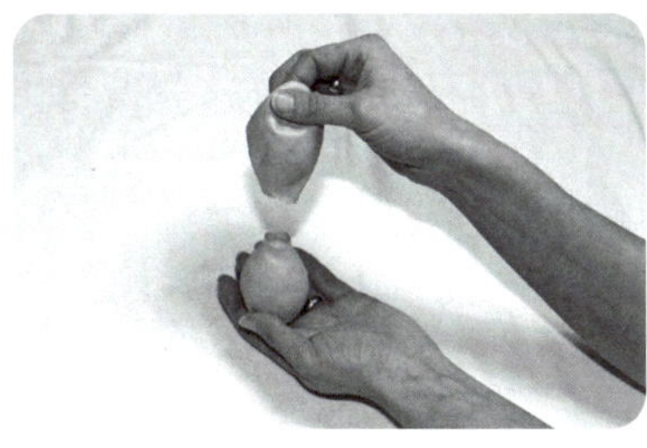

5. Nun braucht dein Wutball noch ein Gesicht. Male es mit dem Filzstift auf.

Überlegen Sie abschließend gemeinsam mit den Kindern, wann sie den Wutball einsetzen können:

- *Was kannst du mit deinem Wutball machen?*
- *Was glaubst du: Warum heißt er „Wutball"?*
- *Wie fühlt es sich an, den Ball zu kneten?*
- *In welchen Situationen könntest du ihn benutzen?*
- *Wie hilft er dir dabei?*

Abb.: Aline Kurt

Baustein 9 Odin und die Angst

Zeitbedarf: ca. 10 Minuten

Ziel:
erfahren, dass Ängste wie alle Gefühle ihre Berechtigung haben; sich mit den eigenen Ängsten auseinandersetzen; ein Instrument zum Umgang mit der Angst kennenlernen

Material:
- ✔ Vorlagen „Odin und die Angst“ (S.48/49)
- ✔ LED-Teelicht
- ✔ evtl. Laminiergerät mit Folien

Vorbereitung:
Kopieren Sie die Vorlagen „Odin und die Angst“ (am besten Farbkopien). Schneiden Sie die Bilder auseinander. Laminieren Sie sie eventuell für längere Haltbarkeit.*

So geht's:
Machen Sie es sich mit den Kindern in der Leseecke gemütlich. Alternativ können sie auch einen Stuhlkreis bilden.
Stellen Sie das LED-Teelicht in die Kreismitte und schalten Sie dieses an.
Sobald es ruhig geworden ist, lesen Sie den Kindern die folgende Geschichte vor. Direkt im Text finden Sie Hinweise zum Einsatz der Bildvorlagen.

* Wenn Sie laminieren, seien Sie unbedingt vorsichtig. Arbeiten Sie nicht mit dem heißen Gerät in der Nähe der Kinder und runden Sie nach dem Laminieren die scharfen Ecken ab.

Odin und die Angst

Zeigen Sie den Kindern Bild 1.

Das ist Odin. Er ist ein Opossum. Genau wie alle anderen Opossums liebt er es, langsam durch die Gegend zu streifen und sich etwas zu essen zu suchen.

Heute ist ein besonderer Tag für Odin. Er darf nämlich zum ersten Mal alleine unterwegs sein. Odin hat seine Mama so lange genervt, bis sie endlich zugesagt hat. Odin soll sich aber vor den wilden Tieren in Acht nehmen. Das musste er seiner Mama versprechen.

Glücklich streift das kleine Opossum umher. Odin schnüffelt hier und schnüffelt da. Mensch, was ist das alles aufregend!
Doch plötzlich hört Odin ein Geräusch.
Es ist Kaja, die Kojotin.

Zeigen Sie den Kindern Bild 2.

Kaja beobachtet Odin schon eine Weile. Sie möchte das Opossum gern fangen.
Odin spürt, was Kojotin Kaja vorhat. Er bekommt große Angst.

Schalten Sie das LED-Teelicht aus.

Odins Angst wird so groß, dass er sie im ganzen Körper spürt. Er ist wie gelähmt. Doch plötzlich hört er eine Stimme in seinem Kopf. Es ist Mamas Stimme. Fast so, als stünde sie gerade neben ihm, sagt Mama zu ihm: „Odin, es ist okay, dass du Angst hast. Alle Opossums haben Angst, wenn sie einen Kojoten sehen. Das ist normal. Du darfst Angst haben. Doch du musst mir genau zuhören. Lass dich einfach umfallen. Tu so, als wärst du tot, wenn ein Kojote kommt. Dann lässt er dich in Ruhe."
Odin Opossum spürt, wie seine Angst plötzlich kleiner wird. Wie gut, dass er Mama in seinem Kopf hat. Odin weiß, dass alles gut gehen wird, und lässt sich einfach fallen.

Zeigen Sie den Kindern Bild 3.

Kaja ist verwundert. Was soll denn das? Vorsichtig nähert sie sich dem kleinen Opossum und schnüffelt an ihm.
„Hm, das Opossum kann ich wohl nicht mehr fangen. Das ist schon tot. Dann suche ich mir etwas anderes", denkt Kaja und trottet gemächlich weiter. Odin traut sich kaum, zu atmen.
Am liebsten würde er laut lachen. Er hat es doch tatsächlich geschafft, Kaja reinzulegen. Aus den Augenwinkeln beobachtet Odin, wie Kaja langsam davontrottet.

Zeigen Sie den Kindern Bild 4.

Als Kaja weit genug weg ist, macht Odin ein kleines Freudentänzchen. Er fühlt sich erleichtert und ist mächtig stolz auf sich. Er hat es doch tatsächlich geschafft, sich seiner Angst zu stellen. Das fühlt sich so gut an.
Mit diesem tollen Gefühl im Bauch macht sich Odin schnell auf den Weg nach Hause. Das muss er unbedingt den anderen erzählen.

Wenn Sie möchten, können Sie im Anschluss die folgenden Fragen für ein Gespräch mit den Kindern nutzen. Lassen Sie zur Hilfe ruhig die Bildkarten für alle gut sichtbar in der Kreismitte liegen.

- *Wovor hat Odin Angst?*
- *Hattest du auch schon mal vor etwas Angst?*
- *Möchtest du davon erzählen?*
- *Odins Mama hat ihm gesagt, dass es okay ist, Angst zu haben. Als Odin das eingefallen ist, ging es ihm besser. Weißt du noch, was Odin dann gemacht hat?*
- *Was machst du, wenn du Angst hast?*

Odin und die Angst (1/2)

Illustration: Petra Lefin

Illustration: Petra Lefin

ISBN 978-3-8346-4090-1 | www.verlagruhr.de

Odin und die Angst (2/2)

Illustration: Petra Lefin

Illustration: Petra Lefin

ISBN 978-3-8346-4090-1 | www.verlagruhr.de

Ich schaffe das!

Allgemeine Hinweise zu diesem Kapitel

Optimismus und Selbstvertrauen sind essenzielle Bausteine einer gesunden Selbstwirksamkeit und verhelfen den Kindern zur seelischen Widerstandsfähigkeit. Nur wer an sich, seine Stärken und Fähigkeiten glaubt und gleichzeitig eine gewisse Gelassenheit an den Tag legt, kann die Höhen und Tiefen des Lebens meistern. Genau hier setzt dieses Kapitel an. Alles dreht sich darum, den Kindern zu Selbstwertgefühl und Selbstvertrauen zu verhelfen sowie ihren Optimismus zu stärken. Doch auch Aspekte wie Achtsamkeit und Akzeptanz kommen in diesem Kapitel nicht zu kurz. Denn was nützen uns Selbstvertrauen und Optimismus, wenn wir nicht dazu in der Lage sind, im Augenblick zu leben?!

Das Leben ändert sich von Augenblick zu Augenblick und nur wenn es uns gelingt, die meiste Zeit im Hier und Jetzt zu sein, nehmen wir aktiv am Leben teil und können durch ein gewisses Maß an Akzeptanz und Selbstwirksamkeit aufkommende Probleme lösen.

Die Fähigkeit, im Hier und Jetzt zu leben, bringen wir wie alle Lebewesen mit auf diese Erde. Doch angesichts unseres hektischen und stressreichen Lebens verlieren wir diese Fähigkeit nach und nach. Leider machen Stress und Hektik auch vor unseren Kindern nicht Halt. Umso wichtiger ist es, sie frühzeitig mit Meditations- und Entspannungsübungen vertraut zu machen.

Baustein 1 Die Selbstwertdusche

In diesem Baustein geht es darum, das Selbstwertgefühl der Kinder aktiv aufzubauen. Ein positives Selbstwertgefühl ist unverzichtbar für das Vertrauen in sich selbst, was wiederum einen aktiven Einfluss auf den Umgang mit als schwierig empfundenen Situationen nach sich zieht.

Die Unterstützung des Selbstwertgefühls geschieht hier mit einer Selbstwertdusche, bei der die Jungen und Mädchen mithilfe kraftspendender und aufmunternder Worte „gereinigt“ werden. Jeder, der mag, darf sich von den anderen Kindern anhören, was diese an ihm besonders mögen. Dabei wird dann auch gleich das Thema Fremdwahrnehmung im übertragenen Sinne eingeführt.

Baustein 2 Glaube an dich

Das wundervolle Lied „Glaube an dich“ von Thomas Koppe hilft den Kindern dabei, ihr Selbstwertgefühl sowie Vertrauen ins eigene Ich aufzubauen.

Baustein 3 Ich trau mich was

Verfügen Kinder über ausreichend Selbstvertrauen, so sind sie in der Lage, in schwierigen Situationen auf ihre eigenen Ressourcen zurückzugreifen und diesen zu vertrauen. Dem entgegen stehen Gefühle der Angst und der Mutlosigkeit. Beide Gefühle sind Teil unseres Seins, können jedoch durch das Vertrauen in uns selbst abgebaut werden. Die Geschichte vom kleinen Frosch Finja unterstützt die Kinder dabei aktiv.

Baustein 4 Mein Mut-Elefant

Nicht immer ist es leicht, mutig durch schwierige Situationen zu gehen. Wie gut, dass es Krafttiere gibt, die uns tatkräftig dabei unterstützen. In diesem Baustein basteln die Kinder einen Elefanten aus Filz und erhalten damit ein wertvolles Instrument zur Stärkung von Selbstvertrauen und Mut.

Baustein 5 Neuland – ein Barfußparcours

Sich optimistisch und mutig neuen Herausforderungen zu stellen, stellt einen großen Schub für das Selbstvertrauen dar. Hier setzt dieser Baustein an: Die Kinder durchlaufen einen kleinen Barfußparcours.

Baustein 6 Mein Wohlfühlbereich

Wer in sich ruht und über ein gewisses Maß an Resilienz verfügt, der darf, kann und muss anderen Menschen Grenzen setzen. Um die Kinder damit auf kindgerechte Weise in Berührung zu bringen, beschäftigen sie sich in diesem Baustein anhand einer Übung mit der Ermittlung ihrer eigenen Individualdistanz.

Baustein 7 Getragen sein

Geborgenheit ist ein Gefühl, das uns allen die Fähigkeit verleiht, ein gesundes Vertrauen und Selbstwertgefühl aufzubauen. Hierbei unterstützt dieser Baustein die Kinder. Nach einer kleinen Übung erhält jeder die Gelegenheit, eine passende Vorlage mit Farben auszumalen, die für ihn zum Thema Geborgenheit passen.

Baustein 8 Kraftspender

Krafttiere üben nicht nur auf Kinder eine große Anziehungskraft aus. Sind diese zudem mit positiven Affirmationen belegt, helfen sie dabei, Optimismus zu empfinden, Selbstvertrauen aufzubauen und die Selbstwirksamkeit zu stärken. Tauchen Sie in diesem Baustein gemeinsam mit den Kindern in die Welt der Krafttiere und Affirmationen ein.

Baustein 9 Mein Krafttier

Bei einer angeleiteten Fantasiereise ermitteln die Kinder in diesem Baustein ihr individuelles Krafttier, das ihnen dabei hilft, inneres Gleichgewicht zu erlangen, und bei Bedarf auch als innerer Helfer fungieren kann. In der Psychotherapie setzt man übrigens seit Längerem auf die Aktivierung sogenannter innerer Helfer, die Menschen bei ihrer Entwicklung unterstützen.

Baustein 10 Der Baum und ich

Dass die Natur einen positiven Einfluss auf unser psychisches und physisches Wohlbefinden hat, ist unlängst wissenschaftlich belegt. Weniger bekannt ist jedoch die Tatsache, dass Mutter Erde uns dabei hilft, unsere Achtsamkeit zu schulen. Achtsamkeit ist ein zentraler Aspekt der Resilienz. Nur wenn es uns gelingt, voll und ganz im Hier und Jetzt zu sein, können wir mit allem, was ist, adäquat umgehen, ohne Dinge unnötig zu dramatisieren.
Dabei unterstützt dieser Baustein die Kinder, indem sie in der Natur ausgewählte Achtsamkeitsübungen durchführen.

Baustein 11 Ich bin jetzt hier

Kroko, das Krokodil, erklärt den Kindern in diesem Baustein, wie wichtig es ist, sich auf den gegenwärtigen Augenblick zu besinnen. Da dies auch für Kinder nicht immer ganz einfach ist, gestalten sie einen individuellen, bunten Stein, der sie stets daran erinnert.

Baustein 12 Alles ist gut, wie es ist

Das, was ist, zu akzeptieren, ist wohl das Schwierigste, was wir Menschen zu lernen haben. Doch gerade diese bedingungslose Akzeptanz ist einer der wichtigsten Schritte auf dem Weg zur seelischen Widerstandsfähigkeit. Eine Geschichte unterstützt die Kinder auf dem Weg dorthin. Und damit sie stets daran erinnert werden, basteln die Kinder anschließend ein Windlicht, das sie mit dem Unendlichkeitszeichen dekorieren.

Baustein 13 Das Eis schmilzt

Zielorientierte Problemlösestrategien müssen zunächst geübt werden, bevor sie im Alltag anwendbar sind. Dies geschieht in diesem Baustein mithilfe eines Spiels, das nur dann gelingen kann, wenn alle gemeinsam am Problem arbeiten.

Baustein 14 Filou, das Faultier

In diesem Baustein lernen die Kinder die Bildmeditation als hilfreiches Instrument kennen, um zurück zum inneren Gleichgewicht zu finden. Bei dieser Meditationsform wird die Aufmerksamkeit der Kinder gezielt gelenkt. Dieser äußere Rahmen, der noch durch gezielte Impulse gestützt wird, hilft vor allem denjenigen, die Probleme damit haben, innere und äußere Reize auszuschalten.

Allgemeine Hinweise zu diesem Kapitel

Baustein 15 Der Problemberg

Probleme erscheinen uns allzu oft wie ein unüberwindbarer Berg. Auch unseren Kindern geht es da nicht anders. In diesem Baustein führen die Kinder eine Fantasiereise zu ihrem Problemberg durch und erfahren dabei Unterstützung durch eine helfende Hand.

Baustein 16 Die Stressapotheke

Im letzten Baustein dieses Kapitels lernen Sie gemeinsam mit den Kindern vier wirksame Stressbewältigungsmethoden kennen, die bei Bedarf rasch umgesetzt werden können.

Tipp für den Alltag

Eine positive Einstellung zum eigenen Ich bringen alle Kinder mit auf diese Erde. Wir Erwachsenen sorgen mit unseren eigenen Konventionen und Einschränkungen jedoch dafür, dass das Selbstwertgefühl der Kinder brüchig wird.
Dies geschieht selbstverständlich nicht mit Vorsatz, sondern hängt vielmehr mit unseren eigenen Glaubenssätzen zusammen und mit dem, was wir selbst in unserer Kindheit erlebt haben. Die Erkenntnis dieses Zusammenhangs ist eines der größten Geschenke, die wir den Kindern machen können. Arbeiten wir dann auch noch an der Heilung unseres inneren Kindes, sind die Weichen perfekt gestellt. Nun sind wir dazu in der Lage, die Kinder positiv zu bestärken, indem wir sie so annehmen, wie sie sind, ihnen Zuspruch geben und sie auch Fehler machen lassen, aus denen sie letztendlich lernen können.

Beobachtungsbogen – Selbstwirksamkeit

Name des Kindes: ....

Geborene am: .... In der Kita seit: ....

Das Kind ...	1 wenig	2	3	4	5 sehr
kann Lob annehmen.					
verfügt über ein positives Selbstwertgefühl.					
traut sich, Neues auszuprobieren.					
verfügt über Selbstvertrauen.					
kann anderen vertrauen.					
verfügt über Urvertrauen.					
stellt sich neuen Herausforderungen.					
zeigt in vielen Situationen Mut.					
kennt seine Individualdistanz.					
kann aktiv Grenzen setzen.					
ist optimistisch.					
fühlt sich geborgen.					
ist im Augenblick präsent.					
versucht, Probleme zu lösen.					
kann sich entspannen.					
kennt Wege, um Stress abzubauen.					
kann loslassen.					

Besondere Bemerkungen: ....

....

ISBN 978-3-8346-4090-1 | www.verlagruhr.de

Baustein 1 Die Selbstwertdusche

Zeitbedarf: ca. 3–5 Minuten pro Kind
+ Vorbereitungszeit ca. 5 Minuten

Ziel:
Selbstwertgefühl aufbauen

Material:
✔ Decke

Für jedes Kind
✔ Sitzkissen

Vorbereitung:
Legen Sie die Sitzkissen in einen großen Kreis um die ausgebreitete Decke.

So geht's:
Alle Kinder nehmen im Sitzkreis Platz. Erzählen Sie den Jungen und Mädchen, dass jeder nun die Gelegenheit erhält, eine ganz besondere Zauberdusche zu nehmen. Dabei fließen wohltuende Worte statt Wasser.
Ein Kind setzt sich auf freiwilliger Basis auf die Decke in der Kreismitte. Reihum wird es von den anderen großzügig mit Lob bedacht. Machen Sie den Anfang, damit den Kindern deutlich wird, worum es geht. Sagen Sie dem Kind etwas, das sie besonders an ihm schätzen. Betonen Sie eines seiner Talente, seine Fähigkeiten oder Aspekte des Selbstwertgefühls, beispielsweise:

- *Du kannst unglaublich schön malen.*
- *Du kannst so toll singen, es macht Spaß, dir zuzuhören.*
- *Gestern hast du dich getraut, bei geschlossener Tür deinen Mittagsschlaf zu machen. Das war ganz schön mutig. Ich bewundere diesen Mut an dir.*
- *Ich habe neulich gesehen, wie du einem anderen Kind geholfen hast, die Schuhe zuzubinden. Das war sehr aufmerksam und hilfsbereit von dir.*
- *Ich find es schön, dass du dich für vieles interessierst und so oft Fragen stellst.*

Jetzt sind die anderen Kinder dran und erzählen dem Kind in der Mitte reihum etwas, das sie besonders an ihm mögen.
Wenn die Runde beendet ist, darf sich ein anderes Kind in die Kreismitte setzen, sodass jedes Kind einmal unter der Selbstwertdusche sitzen kann und die Möglichkeit erhält, sein Selbstwertgefühl auf diese Weise positiv aufzuladen.

Baustein 2 Glaube an dich

Zeitbedarf: ca. 15 Minuten
+ Vorbereitungszeit ca. 10 Minuten

Ziel:
Selbstwertgefühl und Vertrauen ins eigene Ich aufbauen

Material:
✔ Lied „Glaube an dich“ von Thomas Koppe
Die Noten finden Sie auf S. 96.

Vorbereitung:
Machen Sie sich vorab mit dem Liedtext vertraut.

So geht's:
Singen Sie den Kindern das Lied zunächst ein- bis 2-mal vor. Laden Sie die Jungen und Mädchen anschließend ein, mit einzustimmen. Wer kann, darf mitsingen. Wer noch nicht so textsicher ist, darf auch mitsummen.
Nutzen Sie anschließend die folgenden Fragen, um das Thema mit den Kindern zu vertiefen:

- *Wie hat dir das Lied gefallen?*
- *Was magst du daran?*
- *Wie hast du dich gefühlt, als du das Lied gehört hast?*
- *Hast du dich auch schon mal hilflos und klein gefühlt?*
- *Wie war das?*
- *Was hast du da gemacht?*

Glaube an dich

Manchmal, da kann man die Welt nicht versteh'n.
Manchmal, da wird doch so vieles schief geh'n.
Manchmal, da fühlt man sich so allein.
Von allen vergessen, hilflos und klein.

Manchmal, da regnet es mitten ins Herz.
Und jeder Moment ist ein einziger Schmerz.
Manchmal, da bläst dir der Wind ins Gesicht.
Und einen Ausweg, den sieht man nicht.

Komm sei wieder froh. Komm schöpf neuen Mut.
Nun ist's einmal so. Doch alles wird gut.
Komm sei wieder froh. Hab ein Lächeln für mich.
Und für diese Welt, komm glaube an dich.

Manchmal, da kann man die Freunde nicht seh'n.
Manchmal, da glaubt man alleine zu steh'n.
Manchmal versperren dir Felsen die Sicht.
Und einen Ausweg, den sieht man nicht.

Komm sei wieder froh. Komm schöpf neuen Mut.
Nun ist's einmal so. Doch alles wird gut.
Komm sei wieder froh. Hab ein Lächeln für mich.
Und für diese Welt, komm glaube an dich.

Denn jeder Tag, ist das Ende der Nacht.
Komm schau nach vorn. Das wär doch gelacht.
Denn auf den Regen, folgt stets Sonnenschein.
Hör was ich sage: Du bist nicht allein!

Denn jeder Tag, ist das Ende der Nacht.
Komm schau nach vorn! Das wär doch gelacht.
Denn auf den Regen, folgt stets Sonnenschein.
Hör was ich sage: Du bist nicht allein!

Komm sei wieder froh. Komm schöpf neuen Mut.
Nun ist's einmal so. Doch alles wird gut.
Komm sei wieder froh. Hab ein Lächeln für mich.
Und für diese Welt, komm glaube an dich.

Baustein 3 Ich trau mich was

Zeitbedarf: ca. 15 Minuten

Ziel:
(Selbst-)Vertrauen aufbauen

Material:
keines

Vorbereitung:
keine

So geht's:
Lesen Sie den Kindern die folgende Geschichte vor. Machen Sie nach jedem Abschnitt zunächst eine Pause, bevor sie die anschließenden Fragen nutzen, um den Inhalt zu reflektieren.

Frosch Finja will nicht nass werden

Ganz langsam zieht Frosch Finja ihren Badeanzug an. Alle anderen Frösche planschen schon längst im Wasser. Nur Finja trödelt extra noch ein bisschen in der Umkleidekabine herum. Am liebsten wäre es ihr, wenn der Tag schon vorbei wäre.
Schon heute Morgen, als Finja aufgewacht ist, hatte sie ein unangenehmes Gefühl im Bauch. Das hat Finja immer, wenn etwas ansteht, das sie nicht mag. Und ein Schwimmbadbesuch gehört eindeutig dazu. Finja mag kein Wasser. Sie hat Angst, darin unterzugehen.

- *Warum hat Finja ein unangenehmes Gefühl im Bauch?*
- *Hattest du auch schon einmal so ein Gefühl?*
- *Wodurch kam das?*
- *Wovor hat Frosch Finja Angst?*

Finja war noch nie im Schwimmbad. Allein der Gedanke an das große Wasserbecken bereitet ihr eine gehörige Portion Unbehagen.

Finja weiß, sie muss gleich auch ins Wasser. Sie macht nämlich heute mit den anderen kleinen Fröschen der Kita einen Schwimmkurs.

- *Was denkst du: Wie fühlt sich Finja?*
- *Was würdest du an Finjas Stelle machen?*

„Finja, wo bleibst du denn?", ruft plötzlich Lena, die Frosch-Erzieherin.
„Ich glaube, ich kann nicht mitmachen", erklärt Frosch Finja leise und setzt sich mit traurigem Blick auf die Bank.
„Wieso denn nicht?", will Lena wissen.
„Mir ist nicht so gut", flunkert Finja. Wobei, richtig gelogen ist das eigentlich nicht, denn es geht ihr wirklich nicht gut. Sie hat Angst.

- *Warum traut sich Finja nicht, der Erzieherin Lena zu sagen, was los ist?*
- *Was, denkst du, wird Lena zu Finja sagen?*

„Was hast du denn?", fragt Lena besorgt. Auch Norbert schaut seine beste Freundin Finja besorgt an.
„Ich hab Bauchweh", erklärt Finja.
„Ich glaube, ich weiß auch, woran das liegt", meint Norbert und zwinkert ihr zu.
Finja schaut ihren Freund verwundert an.
„Woran denn?", möchte die Erzieherin Lena wissen.
„Darf ich mal alleine mit Finja reden?", fragt Norbert.
Lena überlegt kurz und lässt die beiden dann alleine.

- *Stell dir vor, du wärst Norbert. Was würdest du jetzt zu Finja sagen?*

Norbert schaut Finja an „Soll ich mit dir zusammen ins Wasser gehen?", fragt er.

„Warum?", fragt Finja und verschränkt die Arme vor der Brust.
„Ich weiß, du hast Angst vor dem Wasser. Aber wenn ich bei dir bin, kann dir nichts passieren. Als wir noch ganz kleine Kaulquappen waren, haben wir uns doch geschworen, einander immer zu helfen, Finja. Und genau das mache ich heute!", erklärt Norbert mutig.

- Was meint Norbert damit?
- Glaubst du, dass er Finja so helfen kann?

Finja weiß nicht, ob es eine gute Idee ist, wenn Norbert ihr hilft. „Wie soll denn dadurch meine Angst verschwinden?", will sie von ihm wissen.
„Na, ganz einfach. Die Angst geht weg, wenn du dich erst mal traust, ein Stück ins Wasser zu gehen. Dann wirst du schnell merken, dass dir nichts passiert. Mit mir zusammen ist es leichter", antwortet Norbert und lächelt seine Freundin an.

- Norbert sagt: „Die Angst geht weg, wenn du dich traust, ins Wasser zu gehen." Stimmt das? Was denkst du?

„Puh, das ist aber ganz schön schwer. Ich trau mir das nicht zu", sagt Finja mit zittriger Stimme.
„Ja, das stimmt", nickt Norbert. „Manchmal ist es schwer, sich und anderen zu vertrauen. Aber ich weiß, dass du das schaffst. Du kannst das!", sagt Norbert aufmunternd zu seiner Freundin.

- Hast du dir auch schon mal etwas nicht zugetraut?
- Wie war das für dich?
- Möchtest du davon erzählen?

Ganz sicher ist sich Finja zwar nicht, ob das klappt. Aber sie kennt Norbert gut. Sie weiß, er wird erst Ruhe geben, wenn Finja wenigstens versucht hat, ins Wasser zu gehen.
Also macht sich Frosch Finja mit klopfendem Herzen auf den Weg zum Wasserbecken. Es tut gut, dass Norbert dabei ihre Hand hält. Kurz vor dem ersten Schritt ins Wasser drückt Norbert Finjas Hand ganz fest. Finja fühlt, dass er damit sagen möchte: „Hab keine Angst! Trau dich einfach. Du schaffst das!"
Und tatsächlich. Kaum ist Finja ein paar Schritte im Wasser gegangen, ist die Angst verschwunden. Die Erzieherin Lena lächelt sie an.
Finja findet das Wasser auf einmal gar nicht mehr so übel. Es ist warm und es fühlt sich fast so an wie in einer riesigen Badewanne. Tiefer ins Wasser möchte Finja heute nicht gehen. Das kann sie auch beim nächsten Mal noch machen.

- Warum traut sich Finja plötzlich doch ins Wasser?
- Wie fühlt sich Finja, nachdem sie sich selbst zugetraut hat, ins Wasser zu gehen?
- Hast du dir auch schon einmal etwas nicht zugetraut?
- Wie hat sich das für dich angefühlt?

Baustein 4 Mein Mut-Elefant

Zeitbedarf: ca. 30 Minuten
+ Vorbereitungszeit ca. 5 Minuten
+ ggfs. Trocknungszeit Bastelkleber (am besten über Nacht), entfällt mit Heißklebepistole

Ziel:
ein Instrument zur Stärkung von Selbstvertrauen und Mut erhalten

Material:
- ✔ Wachstischdecke oder Zeitungspapier
- ✔ evtl. Heißklebepistole

Für jedes Kind
- ✔ Vorlage „Mein Mut-Elefant“ (S. 61)
- ✔ grauer Filz (DIN A4)
- ✔ sehr weicher Bleistift (B4)
- ✔ Schere
- ✔ Watte
- ✔ Bastelkleber
- ✔ 2 Wackelaugen

Vorbereitung:
Kopieren Sie die Bastelvorlage für jedes Kind. Legen Sie diese zusammen mit den übrigen Materialien auf dem abgedeckten Basteltisch bereit.

So geht's:
Erzählen Sie den Kindern, dass es manchmal Situationen gibt, in denen wir alle eine Portion Mut brauchen. Vielleicht schlafen wir zum ersten Mal allein im Dunkeln. Oder wir möchten auf ein sehr hohes Klettergerüst steigen, sind uns aber noch nicht sicher, ob wir das wirklich schaffen. Lassen Sie die Kinder zunächst von ihren eigenen Erfahrungen im Bezug auf das Thema „Mut“ berichten.
Verteilen Sie anschließend die Bastelvorlagen an die Kinder. Sagen Sie ihnen, dass dieser mutige Elefant ein ganz besonderes Tier ist. Elefanten sind unglaublich mutig. Sie beschützen alle Elefantenkinder in ihrer Herde. Deshalb basteln Sie nun gemeinsam mit den Kindern einen Mut-Elefanten. Dieser kann die Kinder immer dann unterstützen, wenn sie besonders viel Mut brauchen. Sie brauchen ihn nur in die Hand zu nehmen.

Eventuell benötigen die Kinder bei einzelnen Bastelschritten Ihre Hilfe:

1. Die Bastelvorlage wird ausgeschnitten.
2. Der Filz wird mittig geknickt, sodass die beiden kurzen Seiten aufeinanderliegen. Am Knick entlang werden die beiden Filzhälften auseinandergeschnitten.
3. Der ausgeschnittene Elefant wird mittig auf ein Filzstück gelegt. Mit dem Bleistift werden die Umrisse nachgefahren.
4. Anschließend werden die Elefanten-Umrisse auch auf das zweite Filzstück gezeichnet.
5. Die Umrisse werden nun ausgeschnitten.
6. Auf einer Elefanten-Hälfte wird rundherum am Rand Bastelkleber verteilt. Am Rücken wird eine ca. 5 cm breite Stelle ausgespart.
7. Nun werden die beiden Filzteile passend aufeinandergelegt und festgedrückt. Der Bastelkleber sollte am besten über Nacht gut trocknen.
8. **Alternativ:** Kleben Sie für alle Kinder die Elefanten-Hälften mit der Heißklebepistole zusammen. Das hält besser und die Trocknungsphase entfällt.*
9. Nun wird der Elefant mit Watte gefüllt.
10. Anschließend wird die Lücke am Elefantenrücken zugeklebt.
11. Zum Schluss erhält der Elefant noch zwei Wackelaugen, die mit Bastelkleber aufgeklebt werden.

* Wenn Sie die Heißklebepistole verwenden, seien Sie unbedingt vorsichtig. Arbeiten Sie auch nicht mit dem heißen Gerät in der Nähe der Kinder.

Mein Mut-Elefant

ISBN 978-3-8346-4090-1 | www.verlagruhr.de

Baustein 5 Neuland – ein Barfußparcours

Zeitbedarf: ca. 15 Minuten
\+ Vor- und Nachbereitungszeit: je ca. 20 Minuten

Ziel:
sich optimistisch und mutig neuen Herausforderungen stellen; Selbstvertrauen entwickeln

Material:
- ✔ 4 alte Bettlaken oder Decken
- ✔ 2 Eimer Rindenmulch
- ✔ 2 Eimer Stroh
- ✔ 2 Eimer Sand
- ✔ 2 Eimer Erde
- ✔ Tuch zum Verbinden der Augen

Vorbereitung:
Wählen Sie für das Angebot einen möglichst trockenen und relativ warmen Tag aus. Bauen Sie aus den Materialien im Freien einen kleinen Parcours mit vier Stationen auf:

1) Legen Sie im Abstand von 1–2 m die Bettlaken oder Decken in einer Reihe aus.
2) Verteilen Sie den Rindenmulch auf dem ersten Bettlaken/der Decke.
3) Streuen Sie das Stroh auf das zweite Bettlaken/die Decke.
4) Auf dem dritten Bettlaken/der Decke verteilen Sie den Sand.
5) Bedecken Sie mit der Erde das vierte Bettlaken/die Decke.

So geht's:
Zeigen Sie den Kindern den vorbereiteten Parcours. Erzählen Sie ihnen, dass sie diesen nacheinander durchlaufen werden.
Dazu ziehen alle Kinder ihre Schuhe aus. Barfuß läuft jeder in seinem eigenen Tempo über die vier Stationen und achtet auf das Gefühl an den Füßen.

Haben alle ihre Erfahrungen mit dem Barfußpfad gesammelt, dürfen die Kinder diesen nun in einer zweiten Runde mit verbundenen Augen durchlaufen. Ein freiwilliges Kind beginnt. Verbinden Sie ihm mit dem Tuch die Augen und führen Sie das Kind an der Hand über die vier Stationen.
Unterstützen Sie so nacheinander alle Kinder, die den Parcours mit verbundenen Augen durchlaufen möchten. Da die Übung Mut erfordert, sollten Sie unbedingt den Aspekt der Freiwilligkeit respektieren.

Wenn Sie und die Kinder möchten, können Sie die folgenden Fragen zur Reflexion nutzen:

- *Weißt du, über welche Materialien du gerade gelaufen bist?*
- *Wie haben sie sich für dich angefühlt?*
- *Ist es dir leichtgefallen, barfuß über den Parcours zu gehen?*
- *Bist du über den Parcours auch mit verbundenen Augen gelaufen?*
- *Wie hast du dich dabei gefühlt?*
- *Es war mutig, über die Stationen mit verbundenen Augen zu gehen. Wie fühlst du dich jetzt, nachdem du es geschafft hast?*
- *Warst du schon einmal mutig? Möchtest du uns davon erzählen?*

Baustein 6 Mein Wohlfühlbereich

Zeitbedarf: ca. 5–10 Minuten
+ Vorbereitungszeit ca. 5 Minuten

Ziel:
Individualdistanz ermitteln; Grenzen setzen lernen; für den eigenen Wohlfühlbereich einstehen

Material:
✔ Malerkrepp
✔ ggfs. Straßenkreide oder Springseil

Für jedes Kind
✔ Turnschläppchen oder Stoppersocken

Vorbereitung:
Teilen Sie den Bewegungsraum mithilfe des Malerkrepps in zwei gleich große Hälften. Ziehen Sie dazu einfach eine Linie auf dem Boden.

Tipp

Bei gutem Wetter können Sie die Übung auch im Freien durchführen. Dann benötigen Sie kein Malerkrepp. Stattdessen können Sie die Markierung mit einem langen Springseil oder einer Kreidemarkierung anzeigen.

So geht's:
Gehen Sie mit den Kindern in den vorbereiteten Bewegungsraum. Spielen Sie mit den Kindern kurz durch, wie man seine persönliche Grenze signalisiert: indem man laut „Stopp!" ruft und eine Hand nach vorn streckt.

Teilen Sie die Kinder nun in zwei möglichst gleich große Gruppen ein. Ist dies aufgrund einer ungeraden Teilnehmerzahl nicht möglich, springen Sie als „Ersatz" ein.

Jede Gruppe geht in eine Hälfte des Bewegungsraums und stellt sich dort etwa acht bis zehn Schritte entfernt von der Markierung auf. Beide Gruppen stehen nun so, dass jedes Kind aus einer Gruppe einem Kind aus der anderen Gruppe mit Blickkontakt gegenübersteht.

Die Kinder bewegen sich auf Ihr Signal so lange langsam aufeinander zu, bis ihnen das jeweilige Gegenüber zu nahekommt, also bis ihre Individualdistanz erreicht ist. Jedes Kind signalisiert diese Grenze, indem es laut „Stopp!" ruft und eine Hand nach vorn streckt. Dann muss das Gegenüber sofort stehen bleiben.

Der richtige Moment, „Stopp!" zu rufen, ist für das eine Kind früher, für das andere später erreicht. Unterschiedliche Distanz-Nähe-Gefüge sind hier erwünscht und wichtig, da jedes Kind über eine ureigene Individualdistanz verfügt.

Sobald alle Kinder ihre Individualdistanz ermittelt haben, können Sie die Übung mithilfe der folgenden Fragen besprechen:

- *Wie hat es sich für dich angefühlt, als das andere Kind immer näher kam?*
- *Woran hast du gemerkt, dass du jetzt „Stopp!" rufen möchtest?*
- *Wie hast du dich gefühlt, als du „Stopp!" gesagt hast?*
- *Wie hat es sich für dich angefühlt, von einem anderen Kind „Stopp!" zu hören und zu wissen, dass du nicht näher kommen sollst?*

Baustein 7 Getragen sein

Zeitbedarf: ca. 30 Minuten
\+ Vorbereitungszeit ca. 5 Minuten

Ziel:
Geborgenheit erleben; Vertrauen und Selbstwertgefühl aufbauen

Material:
- ✔ Decke
- ✔ Vorlage „Ich fühle mich geborgen" (S. 65)
- ✔ Buntstifte

Für jedes Kind
- ✔ Turnschläppchen oder Stoppersocken
- ✔ bequeme Kleidung

Vorbereitung:
Kopieren Sie für jedes Kind die Vorlage „Ich fühle mich geborgen". Legen Sie diese zusammen mit den Malstiften auf dem Gruppentisch bereit.
Breiten Sie im Bewegungsraum eine Decke aus.

So geht's:
Erzählen Sie den Kindern im Bewegungsraum, dass sie mit ihnen eine kleine Reise auf der Decke unternehmen möchten. Wer mag, darf den Anfang machen. Das Kind legt sich mit dem Rücken bequem auf die Decke. Wenn es mag, kann es seine Augen schließen. Sie und eine erwachsene Helferin ziehen oder tragen das Kind nun auf der Decke durch den Bewegungsraum. Auf der anderen Seite angekommen, darf das nächste Kind auf der Decke Platz nehmen und wird daraufhin zurück in die Ausgangsposition gezogen.
Führen Sie die Übung so lange durch, bis alle Kinder, die Lust haben, einmal in den Genuss des Getragenseins gekommen sind.

Gehen Sie anschließend gemeinsam zurück in den Gruppenraum. Verteilen Sie dort die Ausmalvorlagen an die Kinder. Erzählen Sie:

Das Kängurukind fühlt sich im Beutel seiner Mama wohl und geborgen. Die Mama trägt das Kind die ganze Zeit bei sich. Auch du hast eben fühlen können, wie es ist, getragen zu werden. Überlege einmal, welche Farben zu deinem Gefühl passen. Male das Bild mit Farben aus, die für dich zum Getragensein passen, und zeichne dein Gesicht in das Gesicht des Kängurukindes.

Tipp

Wenn Sie die Übung mit älteren Kindern durchführen, benötigen Sie nicht unbedingt die Unterstützung eines weiteren Erwachsenen. Hier kann Ihnen jeweils eines der anderen Kinder dabei helfen, die Decke zu ziehen.

Ich fühle mich geborgen

ISBN 978-3-8346-4090-1 | www.verlagruhr.de

Baustein 8 Kraftspender

Zeitbedarf: ca. 10 Minuten
+ Vorbereitungszeit ca. 15 Minuten

Ziel:
Optimismus empfinden; Selbstvertrauen aufbauen; Selbstwirksamkeit verstärken

Material:
✔ Schere
✔ evtl. Laminiergerät mit Folien

Für jedes Kind
✔ Vorlagen „Tierische Helferkarten“ (S. 67–70)

Vorbereitung:
Auf den folgenden vier Seiten finden Sie acht verschiedene Affirmationskarten, die tierischen Helferkarten. Kopieren Sie diese (am besten als Farbkopie) für jedes Kind und schneiden Sie sie aus. Da die Kraftspender öfter zum Einsatz kommen können, bietet es sich an, dass Sie diese laminieren.* Sie können die Karten alternativ auch auf Pappe kleben.

So geht's:
Jedes Kind erhält von Ihnen eines der vorbereiteten Kartensets. Wer kann, darf diese zunächst einmal mischen.

Erzählen Sie den Kindern, dass dies ganz besondere Karten sind. Auf jeder Karte ist ein Tier abgebildet, das den Kindern helfen möchte. Jedes Tier hat eine wichtige Botschaft. Nun können Sie eine der beiden Varianten zur Arbeit mit den Affirmationskarten nutzen.

Variante 1:
Jedes Kind schaut sich alle Karten in Ruhe an und wählt dann eine Karte aus, die es am ehesten anspricht.

* Wenn Sie laminieren, seien Sie unbedingt vorsichtig. Arbeiten Sie nicht mit dem heißen Gerät in der Nähe der Kinder und runden Sie nach dem Laminieren die scharfen Ecken ab.

Variante 2:
Jedes Kind legt seine Karten verdeckt vor sich und wählt seine Karte intuitiv aus.

Hat jedes Kind eine Karte gewählt, so lesen Sie den Text jeweils vor. Wer mag, darf seine Karte nun den Rest des Tages bei sich tragen und die Unterstützung des Krafttieres für sich nutzen.

Tipps

Das Ziehen der Karten können Sie auch zu einem Ritual werden lassen. Im gemeinsamen Morgenkreis darf jeder ein Krafttier wählen, das ihn an diesem Tag begleitet.

Sie möchten gern weitere Motive und kraftspendende Affirmationen mit den Kindern nutzen? – Wir haben etwas Besonderes für Sie geschaffen: Das Set „Stark wie ein Gorilla, mutig wie eine Löwin. Affirmationskärtchen für Kinder.“ (ISBN: 978-3-8346-4081-9) enthält 55 verschiedene Affirmationskarten mit wunderschönen Motiven.

Tierische Helferkarten (1/4)

Ich bin beschützt.

Wie das kleine Känguru
im Beutel seiner Mama
bist du vom Leben beschützt.
Denke daran, du bist niemals alleine.
Über unsichtbare Schnüre bist du
mit allem und jedem verbunden.
Ist das nicht ein tolles Gefühl?

Ich bin mutig.

Neues kann uns Angst machen.
Das ist völlig in Ordnung.
Bleibe neugierig und offen.
Wenn du dich den Dingen stellst,
wirst du mit großer Freude belohnt.
Du kannst dann stolz auf dich sein.

ISBN 978-3-8346-4090-1 | www.verlagruhr.de

Tierische Helferkarten (2/4)

Ich bin schlau.

Der Fuchs ist ein schlaues Tier.
Auch du bist schlau.
Ständig lernst du Neues dazu
und sammelst Erfahrungen.
Ist das nicht toll?

Ich darf mir eine Pause gönnen.

Achte darauf, dass du dir immer wieder Pausen gönnst.
Das sind Zeiten, in denen du gar nichts tust.
Setze oder lege dich einfach in die Natur.
Sei einfach nur da.
Danach bist du wieder frisch und fit.

ISBN 978-3-8346-4090-1 | www.verlagruhr.de

Tierische Helferkarten (3/4)

Ich liebe das Leben.

Das Leben bietet dir
jede Menge Möglichkeiten.
Liebe das Leben.
Spiele, lache, tanze.
Mache Dinge,
die dir Spaß machen.

Ich entdecke die Welt spielerisch.

Das Leben ist zum Lernen da.
Erfahre und entdecke die Welt.
Vergiss dabei nie die Freude.
Sie ist ein Teil von dir.

Tierische Helferkarten (4/4)

Ich bin toll, so wie ich bin.

Du bist einzigartig, wundervoll und fantastisch.
Hast du dir das heute schon gesagt? Nein?
Dann wird es aber Zeit.
Stelle dich vor den Spiegel und
klopfe dir ruhig mal selbst auf die Schulter.
Denn du bist toll, so wie du bist.

Ich höre auf mich selbst.

Tief in dir wohnt eine innere Stimme.
Sie sagt dir, was für dich richtig ist.
Lerne, auf diese Stimme zu hören.
Denke dabei an die Katze.
Sie macht niemals etwas,
das sie nicht selbst will.

ISBN 978-3-8346-4090-1 | www.verlagruhr.de

Baustein 9 Mein Krafttier

Zeitbedarf: ca. 25 Minuten
\+ Vorbereitungszeit ca. 5 Minuten

Ziel:
inneres Gleichgewicht finden; inneren Helfer aktivieren

Material:
für jedes Kind

- ✔ Blatt Papier
- ✔ Buntstifte

Vorbereitung:
Legen Sie Papier und Stifte am Maltisch bereit.

So geht's:
Nehmen Sie mit den Kindern am Maltisch Platz. Erzählen Sie ihnen, dass sie heute ihr persönliches Krafttier finden. Krafttiere sind wie eine Art unsichtbare Helfer, die uns bei Problemen unterstützen. Sie geben uns Kraft und Mut.
Leiten Sie nun die Jungen und Mädchen dazu an, ihr eigenes Krafttier zu finden. Machen Sie dabei möglichst lange Pausen, damit die Kinder Zeit haben, innere Bilder vor ihrem geistigen Auge zu erzeugen.

Krafttier-Reise

Schließe deine Augen. Wenn du möchtest, kannst du deine Arme auf dem Tisch verschränken und deinen Kopf darauf ablegen.
Achte darauf, dass deine Füße den Boden berühren. Deine Hände liegen bequem. Wenn du deine Arme auf der Tischplatte ablegst, achte darauf, dass deine Handflächen sanft aufliegen.
Möchtest du lieber gerade sitzen, lege deine Handflächen bequem in deinen Schoß.

Atme tief ein und aus. Achte darauf, dass dein Atem langsam durch deinen Körper fließt. Bei jedem Einatmen nimmst du eine reinigende Energie in dich auf, die beim Ausatmen alles Unnötige mit sich forträgt.
Stelle dir vor, wie die Atemluft allen Stress, alle Hektik und alle unangenehmen Gedanken aus deinem Körper wäscht.

Achte weiter auf deinen Atem. Lasse ihn weich durch deinen Körper fließen. Vertraue darauf, dass er alle Dinge, die nicht zu dir gehören, hinausspült.

Stelle dir vor, du stehst nun an einem wundervollen Ort. Hier fühlst du dich sicher und geborgen. Schaue dich in aller Ruhe um, was du hier alles entdecken kannst.

In der Ferne siehst du ein Tier. Schaue es dir an. Es kommt genau auf dich zu.
Dieses Tier ist zu dir gekommen, weil es dir bei all deinen Problemen helfen möchte. Es ist dein persönliches Krafttier. Es ist immer für dich da, wenn du es brauchst. Vielleicht ist es ein Hund. Vielleicht aber auch ein Fuchs, ein Vogel oder ein anderes Tier. Welches Tier auch immer jetzt an deiner Seite ist, du kannst ihm vertrauen.
Setze dich in Gedanken neben dein Tier und sprich mit ihm.
Du kannst dein Krafttier alles fragen, was du möchtest. Höre ihm gut zu, denn dein Tier hat auch dir eine Menge zu erzählen.

Wenn du das Gefühl hast, genug zu wissen, komme langsam wieder zurück ins Hier und Jetzt.
Wackle ein wenig mit deinen Zehen.
Bewege deine Finger.
Wenn du so weit bist, öffne deine Augen.
Willkommen zurück.

Wer mit seiner Krafttier-Reise fertig ist, malt auf seinem Blatt Papier sein Krafttier.

Baustein 10 Der Baum und ich

Zeitbedarf: ca. 10 Minuten vor Ort
\+ Vorbereitungen (passenden Ort finden und Weg dorthin)

Ziel:
Achtsamkeit entwickeln; im Hier und Jetzt sein; Natur als Kraftspender erfahren

Material:
✔ witterungsgeeignete Kleidung

Vorbereitung:
Wählen Sie vorab einen kleinen Wald oder Park aus, der nicht stark frequentiert ist. Hier sollten so viele Bäume vorhanden sein, dass jedem Kind ein eigener Baum für die Sinneserfahrungen zur Verfügung steht. Da Sie die Kinder zu gezielten Sinneserfahrungen anleiten, ist es nützlich, wenn die Bäume recht dicht beieinanderstehen, sodass jedes Kind Ihre Impulse gut hören kann. Idealerweise befindet sich Ihr Ausflugsziel in Kita-Nähe.
Denken Sie bitte rechtzeitig daran, für Ihre kleine Exkursion die Einverständniserklärung der Eltern einzuholen und eine oder mehrere zusätzliche Betreuungskräfte einzuplanen.

So geht's:
Gehen Sie mit Ihren Schützlingen an den von Ihnen ausgewählten Ort.
Dort angekommen, erhalten die Kinder zunächst die Gelegenheit, sich unter Ihrer Aufsicht in Ruhe umzusehen. Hat jeder ein Gefühl für die Umgebung entwickelt, laden Sie die Kinder dazu ein, sich einen der Bäume auszuwählen. Jedes Kind geht zu seinem Baum und erkundet ihn. Leiten Sie die Kinder dazu gezielt an und weisen Sie sie darauf hin, die Fragen nur im Stillen für sich selbst zu beantworten. Geben Sie den Kindern dabei ausreichend Zeit, die Impulse umzusetzen. Einen guten Anhaltspunkt erhalten Sie, wenn Sie die Übungen selbst auch gleich mit ausführen:

- *Schaue dir deinen Baum ganz genau an. Betrachte seinen dicken Stamm. Schaue nach oben in die Baumkrone. Was siehst du?*
- *Schließe nun deine Augen. Wie riecht dein Baum? Wenn du magst, kannst du auch an seiner Rinde den Duft wahrnehmen.*
- *Lasse deine Augen geschlossen und schlinge nun einmal beide Arme um den Stamm. Fühle seine Rinde auf deiner Haut. Wie fühlt er sich an?*
- *Richte deine Aufmerksamkeit auf die Umarmung. Was spürst du, wenn du den Baum umarmst?*

Sobald alle Kinder ihre Erfahrungsübungen abgeschlossen haben, kommen sie in einem Kreis zusammen. Bei trockenem Wetter können die Kinder sich auf den Boden setzen. Bei schlechtem Wetter bleiben sie einfach gemeinsam kurz stehen, während Sie sich mit den Kindern über die Erfahrungen austauschen. Die folgenden Fragen helfen Ihnen dabei:

- *Was hast du an deinem Baum entdeckt?*
- *Wie hat sich dein Baum angefühlt?*
- *Wie hat er gerochen?*
- *Wie war es für dich, einen Baum zu umarmen?*

Baustein 11 Ich bin jetzt hier

Zeitbedarf: ca. 15 Minuten
\+ Vorbereitungszeit ca. 5 Minuten

Ziel:
sich auf den Augenblick besinnen; lernen, im Hier und Jetzt zu leben

Material:
- ✔ Zeitungspapier oder Wachstischdecke

Für jedes Kind
- ✔ Malkittel
- ✔ kleiner Stein (z. B. Kieselstein)
- ✔ Farben
- ✔ Pinsel
- ✔ Küchenpapier
- ✔ Klarsichthülle oder Frischhaltefolie
- ✔ Klarlack

Vorbereitung:
Decken Sie die Maltische mit Zeitungspapier oder Wachtischdecken ab. Stellen Sie Farben und Pinsel bereit und legen Sie jedem Kind einen Stein auf den Platz.

So geht's:
Bitten Sie die Kinder, am vorbereiteten Maltisch Platz zu nehmen. Erzählen Sie ihnen:

Kroko, das Krokodil

Schaut einmal, mein Freund Kroko, das Krokodil, hat mir ein Geschenk für euch mitgegeben. Ich habe gestern mit Kroko ein langes Gespräch geführt. Ich wollte wissen, wie es ihm gelingt, so lange bewegungslos im Wasser zu liegen. Das erstaunt mich nämlich sehr. Stellt euch einmal vor: Krokodile liegen stundenlang einfach nur da. Sobald aber etwas ihre Aufmerksamkeit erfordert, sind sie blitzschnell da. Kroko hat mir erklärt, wie das funktioniert. Er hat gesagt: „Das ist gar nicht schwer, du musst einfach nur vollkommen da sein, wo du gerade bist. Ihr Menschen seid immer in eurem Kopf. Ihr macht euch über alles Mögliche Gedanken und dabei verpasst ihr das Leben."
Das, was Kroko da gesagt hat, hat mich sehr beschäftigt. Er hat schon Recht, wir sollten darauf achten, immer mit unserer Aufmerksamkeit im Hier und Jetzt zu sein. Damit wir uns immer daran erinnern, hat Kroko mir die Steine für euch mitgegeben. Er meinte, jeder solle seinen Stein bunt anmalen und immer bei sich tragen. Sobald ihr euren Stein in der Hand spürt, erinnert er euch daran, wieder den Augenblick zu spüren.

Ermutigen Sie die Kinder, ihren Stein nach Herzenslust zu verschönern. Zum Trocknen werden die Steine auf die Klarsichthüllen oder auf die Frischhaltefolie gelegt. Anschließend lackieren Sie sie mit Klarlack. Die Steine können anschließend – mitgeführt in der Hosentasche – zum Achtsamkeits-Botschafter für die Kinder werden.

Tipp

Besonders viel Freude bereitet es den Kindern, wenn sie für dieses Angebot selbst einen Stein in der Natur auswählen dürfen.

Baustein 12 Alles ist gut, wie es ist

Zeitbedarf: ca. 30 Minuten

Ziel:
Akzeptanz entwickeln; Optimismus aufbauen

Material:
- ✔ Wachstischdecken oder Zeitungspapier
- ✔ Glasmalfarbe (ohne Brennen)
- ✔ mehrere Blatt Papier oder Flipchart
- ✔ dicker Stift

Für jedes Kind
- ✔ Sitzkissen
- ✔ Malkittel
- ✔ leeres Glas (z. B. Einmachglas)
- ✔ Farbe (z. B. Acrylfarbe)
- ✔ Pinsel
- ✔ LED-Teelicht

Vorbereitung:
Bilden Sie mit den Sitzkissen einen inneren und einen äußeren Sitzkreis, indem Sie die Hälfte der Kissen zunächst im Halbkreis auslegen. Hinter jedes Kissen legen Sie ein weiteres Kissen, sodass später jeweils zwei Kinder hintereinandersitzen. Bei ungerader Gruppengröße springen Sie ein und ersetzen das fehlende Kind im äußeren Sitzkreis.
Legen Sie den Maltisch mit Zeitungspapier oder Wachstischdecken aus und stellen Sie die Materialien bereit.

So geht's:
Bitten Sie die Kinder, sich zu Paaren zusammenzutun. Dies ist wichtig, da Sie den Jungen und Mädchen im Folgenden eine Geschichte vorlesen, während ein Kind jeweils seinem Partner mit dem Finger auf den Rücken zeichnet. Um diese Nähe zulassen zu können, benötigen die Kinder ein gewisses Maß an Vertrauen.

Sobald die Paare feststehen, nehmen die Kinder im vorbereiteten Sitzkreis Platz. Ein Kind wählt einen Platz im inneren Kreis aus und sein Partner nimmt auf dem Kissen dahinter Platz.
Lesen Sie den Kindern die folgende Geschichte abschnittweise vor. Machen Sie nach jedem Abschnitt eine kleine Pause und zeichnen Sie das jeweilige Zeichen. Die Kinder im äußeren Sitzkreis wiederholen dieses mit dem Finger auf dem Rücken ihres Partners.

Der verschwundene Spielplatz

Die Tierkinder des Waldkindergartens sind aufgeregt. Heute machen sie mit ihrer Erzieherin Elif Eule einen Ausflug zu ihrem Lieblingsspielplatz. Darauf freuen sich die Tierkinder schon seit Tagen.

Zeichnen Sie, für alle Kinder sichtbar, ein Herz auf das Flipchart oder ein Blatt Papier.

Endlich ist es so weit. Die Tierkinder hüpfen, traben und flattern gemeinsam los.

Laufen Sie mit Zeige- und Mittelfinger in der Luft.

Als die Gruppe endlich bei ihrem Lieblingsspielplatz ankommt, trauen die Tierkinder ihren Augen nicht. Was ist denn hier passiert? Der Spielplatz ist verschwunden!

Wischen Sie mit der Handfläche eine imaginäre Fläche.

Nichts ist mehr da. Die Bäume, auf denen die Tierkinder schöne Spiele veranstaltet haben, sind weg. Sogar der kleine Tümpel ist verschwunden. Eine große Traurigkeit macht sich breit.

Malen Sie, für jedes Kind sichtbar, ein trauriges Gesicht auf das Flipchart oder ein Blatt Papier.

Nachdem sie den leeren Ort eine Weile betrachtet haben, wird Wilhelm Wildschwein wütend. „Wer war das? Wer hat unseren Lieblingsspielplatz kaputt gemacht? Der muss dafür bestraft werden!", schreit das kleine Wildschwein und trampelt auf dem Boden.

Klopfen Sie 3-mal sacht mit zwei Fingern in die Luft.

„Ach, Wilhelm. Ich verstehe, dass du wütend bist. Das darfst du auch", sagt der Hase Hans. „Weißt du", fährt Hans fort, „was geschehen ist, ist geschehen. Unser Lieblingsspielplatz ist verschwunden. Das können wir nicht mehr ändern. Aber lasst uns versuchen, das Beste daraus zu machen. In jedem Ende steckt doch auch ein neuer Anfang." Die Erzieherin Elif Eule nickt zustimmend.

Malen Sie, für jedes Kind sichtbar, eine liegende Acht auf das Flipchart oder ein Blatt Papier.

Kaum hat Hans seine flammende Rede beendet, hüpfen schon die ersten Tierkinder aufgeregt und voller Freude umher. Die Bäume, auf denen sie so toll klettern konnten, sind zwar verschwunden. Doch dafür haben die Fuchskinder einen großen Sandhaufen entdeckt. Keines der Tierkinder hatte zuvor echten Sand gesehen. Sie sind neugierig. Hier lässt es sich herrlich spielen und malen kann man darin auch.

Malen Sie, für jedes Kind sichtbar, eine Sonne auf das Flipchart oder ein Blatt Papier.

Auch Wilhelm ist neugierig geworden. Vielleicht hat Hans Hase ja recht und der Platz ist auch ohne Bäume und Tümpel ein schöner Spielplatz. Anders und neu, aber nicht weniger spannend. Die kluge Elif Eule hatte Hans Hase zugestimmt. Und da sie die beste Erzieherin der Welt ist, muss es ja stimmen!

Malen Sie, für jedes Kind sichtbar, ein lachendes Gesicht auf das Flipchart oder ein Blatt Papier.

Wilhelm sucht sich einen kleinen Zweig. Damit malt er ein besonderes Zeichen in den Sand. Dieses Zeichen kennt er von Hans. Es steht für die Unendlichkeit.

Malen Sie erneut eine liegende Acht auf das Flipchart oder ein Blatt Papier.

Zufrieden betrachtet Wilhelm sein Werk. Hans hat Recht: In jedem Ende steckt ein neuer Anfang. Der alte Spielplatz ist zwar weg, aber dafür haben sie jetzt einen neuen, aufregenden Sandkasten.

Wenn die Kinder möchten, können Sie sich zunächst zur Geschichte äußern. Die folgenden Fragen helfen Ihnen dabei:

- *Was ist in der Geschichte passiert?*
- *Was meint Hans Hase, wenn er sagt: „In jedem Ende steckt ein neuer Anfang?"*
- *Weißt du noch, was Hans über das Zeichen gesagt hat, das Wilhelm in den Sand gemalt hat?*
- *Wie hat es sich angefühlt, als dein Partner die Zeichen auf deinen Rücken gezeichnet hat?*

Nehmen Sie abschließend mit den Kindern am vorbereiteten Gruppentisch Platz.
Teilen Sie jedem Kind ein Glas aus. Zeichnen Sie die liegende Acht auf ein Blatt Papier und zeigen Sie es in die Runde. Erzählen Sie den Kindern noch einmal, dass dieses Zeichen für die Unendlichkeit steht und uns daran erinnert, dass zu jedem Ende auch ein neuer Anfang gehört.
Bitten Sie die Jungen und Mädchen, das Unendlichkeitszeichen mehrfach mit Farbe und Pinsel auf ihr Glas zu malen.

Sobald die Farbe getrocknet ist, darf jedes Kind sein Glas als Windlicht mit einem LED-Teelicht mit nach Hause nehmen. Dort haben die Jungen und Mädchen ihr Unendlichkeitszeichen stets im Blick.

Baustein 13 Das Eis schmilzt

Zeitbedarf: ca. 10 Minuten
+ Vorbereitungszeit ca. 10 Minuten

Ziel:
zielorientierte Problemlösestrategien entwickeln; erkennen, dass gemeinsames Lösen leichter fällt

Material:
- ✔ 3 große, blaue Tücher, Bettlaken oder Turnmatten
- ✔ 2 alte Tageszeitungen

Für jedes Kind
- ✔ bequeme Kleidung
- ✔ Turnschläppchen oder Stoppersocken

Vorbereitung:
Legen Sie die Tücher, Bettlaken oder Matten im Bewegungsraum aus. Arrangieren Sie aus den Zeitungsseiten darauf eine riesige Eisscholle, indem Sie die einzelnen Doppelseiten dicht nebeneinander legen. Achten Sie dabei darauf, dass hier später alle Kinder ausreichend Platz haben.

So geht's:
Jeder sucht sich auf der Zeitung ein bequemes Plätzchen.
Erzählen Sie den Kindern, dass sie Eisbären sind, die gemeinsam auf einer großen Eisscholle (Zeitung) stehen. Diese Eisscholle treibt auf dem großen, weiten Meer (blaue Tücher, Bettlaken oder Matten).

Es wird jetzt wärmer und das Eis der Eisscholle beginnt, zu schmelzen. Nehmen Sie nun nach und nach eine Doppelseite der Zeitung weg. Die Eisscholle wird kleiner.

Beobachten Sie das Verhalten der Kinder, ohne einzugreifen. Sobald das erste Kind im „Wasser" landet, endet das Spiel.
Nutzen Sie die folgenden Fragen zur gemeinsamen Reflexion im Anschluss:

- *Wie hast du dich auf der Eisscholle gefühlt?*
- *War es leicht für dich, nicht herunterzufallen, oder ist es dir schwergefallen?*
- *Wie hast du es geschafft, oben zu bleiben?*
- *Wenn wir das Spiel nun noch einmal spielen, wie könnten wir es schaffen, dass alle Kinder auf der Scholle bleiben, ohne ins Meer zu fallen?*

Baustein 14 Filou, das Faultier

Zeitbedarf: ca. 15 Minuten
\+ Vorbereitungszeit ca. 5 Minuten

Ziel:
Aufmerksamkeit zentrieren; Stress reduzieren; Achtsamkeit stärken

Material:
Für jedes Kind
- ✔ Vorlage „Filou entspannt" (S. 78)
- ✔ Sitzkissen

Vorbereitung:
Kopieren Sie die Vorlage „Filou entspannt" (am besten als Farbkopie) für jedes Kind.

So geht's:
Geben Sie jedem Kind ein Sitzkissen. Jeder lässt sich im Raum auf seinem Sitzkissen nieder, wo es ihm behaglich erscheint.
Sobald jeder seinen idealen Ort gefunden hat, erzählen Sie den Kindern, dass Sie nun eine kleine Übung ausprobieren werden, die vielen Menschen dabei hilft, ruhig und entspannt zu werden. Sie heißt Meditation.
Wichtig ist, dass dabei keiner den anderen stört und sich jeder dabei so ruhig wie möglich verhält.
Während der Meditation spricht niemand, auch wenn Sie gleich Fragen stellen. Diese sind dazu gedacht, dass sie jedes Kind für sich selbst im Kopf beantwortet.
Verteilen Sie die Kopien an die Kinder. Achten Sie darauf, dass jedes Kind zunächst nur die unbedruckte Rückseite sieht. Erst wenn alle Kopien verteilt sind, dreht jeder sein Bild um und betrachtet es.
Geben Sie den Kindern dazu ausreichend Gelegenheit, bevor Sie die Bildmeditation mit gezielten Fragen und Impulsen unterstützen.
Achten Sie unbedingt darauf, ausreichend Zeit zwischen den einzelnen Impulsen zu lassen, sodass die Kinder diese auf sich wirken lassen können:

- *Schaue dir das Bild an. Darauf siehst du das Faultier Filou.*
- *Wie fühlst du dich, wenn du Filou siehst?*
- *Filou lässt es sich gerade so richtig gut gehen. Er entspannt sich. Siehst du das?*
- *Stelle dir mal vor, dass du neben Filou an dem Ast hängst. Wie fühlt sich das an?*
- *Filou mag es, wenn ihm ruhige und entspannte Kinder Gesellschaft leisten.*
- *Wenn du vorsichtig bist, darfst du Faultier Filou bestimmt streicheln. Wie fühlt sich sein Fell an?*
- *Spüre, wie sich Filous Ruhe und Ausgeglichenheit langsam auch auf deinen Körper überträgt. Genieße das Gefühl.*
- *Komm nun langsam wieder zurück ins Hier und Jetzt.*
- *Schön, dass du wieder da bist.*

Um die Mediation sanft ausklingen zu lassen, können Sie den Kindern abschließend die Gelegenheit geben, von ihren Erfahrungen dabei zu berichten.

Tipp

Für die Extraportion Entspannung können Sie im Hintergrund leise Meditationsmusik laufen lassen.

Filou entspannt

Illustration: Petra Lefin

Illustration: Petra Lefin

Illustration: Petra Lefin

Illustration: Petra Lefin

Illustration: Petra Lefin

Illustration: Petra Lefin

ISBN 978-3-8346-4090-1 | www.verlagruhr.de

Baustein 15 Der Problemberg

Zeitbedarf: ca. 10 Minuten
+ Vorbereitungszeit ca. 5 Minuten

Ziel:
Probleme von einer anderen Sichtweise aus betrachten; Fantasiereise als Entspannungselement kennenlernen

Material:
Für jedes Kind
✔ Sitzkissen

Vorbereitung:
Legen Sie die Sitzkissen im Kreis aus.

So geht's:
Nehmen Sie mit den Kindern im Sitzkreis Platz. Sobald die Jungen und Mädchen zur Ruhe gekommen sind, lesen Sie ihnen den folgenden Text vor. Machen Sie nach jedem Abschnitt eine ausreichend lange Pause, damit die Kinder die entsprechenden Bilder vor ihrem geistigen Auge entstehen lassen können.
Wenn die Kinder mit Meditationen und Fantasiereisen noch nicht vertraut sind, machen Sie sie darauf aufmerksam, dass alle Fragen und Impulse nur zur stillen Reflexion gedacht sind und im Stillen für sich selbst beantwortet werden sollen.

Der unüberwindbare Berg

Mache es dir auf deinem Sitzkissen gemütlich. Wenn du so weit bist, schließe deine Augen. Atme einmal tief ein und wieder aus.

Stelle dir vor, du stehst am Fuß eines riesigen Berges. Er ist hoch und breit. Der Berg ist so groß, dass du nicht drüberschauen kannst.

Schaue dir den Berg genauer an. Was siehst du? Welche Farbe hat er? Wie ist seine Oberfläche beschafften? Rau oder glatt? Ist er warm oder kalt?

Achte auf deine Gefühle. Wie fühlt es sich an, vor diesem großen Berg zu stehen?
Du kannst weder über den Berg klettern noch um ihn herumgehen. Was bedeutet das? – Der Berg versperrt dir den Weg. Er ist unüberwindbar.

Plötzlich spürst du eine Hand, die vorsichtig nach deiner greift. Diese Hand fühlt sich stark und sanft zugleich an. Sie hilft dir den steilen Berg hinauf und auf der anderen Seite wieder hinunter. Mit ihrer Hilfe schaffst du es, den unüberwindbaren Berg doch zu überwinden.

Spüre tief in dich hinein. Was nimmst du jetzt wahr? Wie fühlst du dich?

Schaue dir die helfende Hand genauer an. Kennst du deinen Helfer vielleicht?

Du bist auf der anderen Seite des Berges angekommen. Schaue dich in aller Ruhe um.

Wenn du so weit bist, atme tief durch und öffne dann langsam deine Augen. Willkommen zurück!

Geben Sie den Kindern anschließend die Gelegenheit, von ihren Erfahrungen zu berichten. Wer hat ihnen dabei geholfen, diesen Berg zu überwinden? Kann derjenige auch im echten Leben Kindern dabei helfen, Probleme zu überwinden, die unüberwindbar scheinen?

Baustein 16 Die Stressapotheke

Zeitbedarf: ca. 1-2 Minuten pro Übung

Ziel:
effektive Stressbewältigungsmethoden kennenlernen

Material:
✔ Waschbecken für Übung 3 (Stress wegwaschen)

Vorbereitung:
keine

So geht's:
Nehmen Sie mit den Kindern am Gruppentisch Platz. Erzählen Sie ihnen von Ihren eigenen Erfahrungen mit Stress, beispielsweise:

Manchmal habe ich ganz viel um die Ohren. Wenn viele Menschen gleichzeitig etwas von mir wollen, dann macht mir das Druck. Dieser Druck lässt mich ganz kribbelig werden. Ich fühle mich dann so, als würde Strom durch meinen Körper fließen. Dann bin ich gar nicht entspannt.

- *Kennst du so etwas auch?*
- *Wann hast du dieses Gefühl?*

Ich möchte euch heute verschiedene Dinge zeigen, die man tun kann, um so einen Druck schnell loszuwerden. Seid ihr bereit?

Lachen
Lächeln Sie die Kinder aus vollem Herzen an. Ihr Lächeln wird sich dank der Spiegelneuronen in Lichtgeschwindigkeit auf die Kinder übertragen. Und um die gesundheitsfördernde Wirkung noch zu verstärken, können Sie auch mit den Kindern herzhaft lachen.

Gähnen
Ja, das herzhafte Gähnen mit offenem Mund ist eigentlich etwas, das wir unseren Kindern gern abgewöhnen möchten. Doch bei genauerer Betrachtung ist dies eigentlich fatal, denn Gähnen ist ein hoch effektives Instrument, um Stress abzubauen und die Aufmerksamkeit zu erhöhen. Also gähnen Sie doch bitte 7-mal gemeinsam mit den Jungen und Mädchen.

Stress wegwaschen
Gehen Sie gemeinsam mit den Kindern zum Waschbecken. Halten Sie Ihre Hände und Unterarme unter das fließende Wasser. Stellen Sie sich dabei vor, wie jeglicher Stress aus Ihren Körperzellen gewaschen wird. Bitten Sie die Kinder, diese Übung ebenfalls auszuprobieren.

Stress abwischen
Streichen Sie sich mit beiden Handflächen mehrmals von oben nach unten über das Gesicht. Erzählen Sie den Kindern, dass Sie dabei alle Anspannung abwischen. Ermuntern Sie die Kinder, diese Übung auch auszuprobieren.

Ich bin mit anderen verbunden

Allgemeine Hinweise zu diesem Kapitel

Ob wir es wollen oder nicht: Wir alle sind auf unsichtbare Weise miteinander verbunden. Besonders deutlich wird dieses Phänomen für uns Erwachsene stets dann, wenn wir mit Kindern zusammen sind. Kinder sind noch authentisch und spiegeln uns stets auf unbewusster Ebene. Wussten Sie, dass Kinder spüren, ob wir das, was wir sagen, auch tatsächlich ernst meinen? Spielen Sie mit einem Kind, obwohl sie dazu gerade überhaupt keine Lust haben, so spürt das Kind ihre Unlust auf unbewusster Ebene und wird nörgeln oder Sie auf andere Weise mit Ihrer „Unehrlichkeit" konfrontieren. Dies ist kein böser Wille, sondern sollte von uns Erwachsenen stets als Einladung gesehen werden, wieder authentisch zu werden.
Wir neigen dazu, die naturgegebenen sozialen Fähigkeiten unserer Kinder mithilfe des Leistungsdrucks unserer Gesellschaft zu dezimieren. Wir sind diejenigen, die die Kinder zur Ellenbogenmentalität erziehen. Wenn Sie wie ich der Meinung sind, dass wir dem schleunigst entgegenwirken sollten, so dürften Sie die folgenden Spiele, Geschichten und Aktivierungen erfreuen.
Die folgenden Bausteine können dabei helfen, die Kinder wieder mehr in den Kontakt mit ihren Mitmenschen zu bringen. Um wirklich resilient sein zu können, brauchen wir einander nämlich.

Baustein 1 Wir sind alle miteinander verbunden

Den Auftakt des Kapitels bildet ein gemeinsames Spiel, das den Kindern dabei hilft, zu erkennen, dass wir alle auf unsichtbarer Ebene miteinander verbunden sind. Dadurch wird die Beziehungsfähigkeit aktiviert und führt letztendlich zur Stärkung des Gemeinschaftssinns.
Diese Fähigkeiten benötigen die Kinder, um seelische Widerstandsfähigkeit zu entwickeln.

Baustein 2 Meine Trostspender, Mutmacher und Helfer

In diesem Baustein beschäftigen sich die Kinder mit den Lebewesen, die in ihrem Leben eine besondere Bedeutung haben. Die Kinder basteln eine Drehscheibe und erkennen, dass sie in schwierigen Situationen über verschiedene Helfer verfügen, die ihnen Trost spenden, Mut machen oder bei der konkreten Problembewältigung helfen können.
Dieses Bewusstsein schafft Selbstvertrauen und hilft auch, schwierige Situationen zu meistern. Anschließend stellen die Kinder einander gegenseitig ihre Trostspender, Mutmacher und Helfer vor.

Baustein 3 Ein Pangolin sein

Noch bevor der Großteil der Menschheit von der Existenz der wunderbaren Pangoline erfahren wird, werden diese urzeitlichen Säugetiere vielleicht bereits ausgestorben sein. Deshalb stehen sie in diesem Baustein im Mittelpunkt. Die Kinder schlüpfen hier in einem Spiel in die Rolle der Pangoline. Dieses Bewegungsspiel hilft dabei, die Hilfsbereitschaft der Kinder zu stärken und durch den Perspektivenwechsel gleichsam auch Empathie zu entwickeln.

Baustein 4 Wörter können wehtun

Wie verletzend Worte sein können, wissen wir alle nur zu gut. Auch unsere Kinder haben damit leider schon die ein oder andere Erfahrung sammeln müssen. Um das Bewusstsein der Jungen und Mädchen dahin gehend zu schulen, dürfen sie in diesem Baustein ausnahmsweise alle Schimpfwörter nennen, die sie kennen. Nach einer kurzen Geschichte werden diese Wörter dann symbolisch gemeinsam verbrannt.

Baustein 5 Manchmal gibt es Streit

Streit ist ein normaler Bestandteil unseres menschlichen Daseins. Gründe zum Streiten gibt es vor allem für Kinder zur Genüge. Um sie für diese Thematik zu sensibilisieren, singen Sie zunächst gemeinsam den

Klassiker „Der Kuckuck und der Esel". Bei einem anschließenden Gespräch tauschen sich die Kinder dann über ihre Erfahrungen aus.

Baustein 6 Mein unsichtbarer Rucksack

Wir alle tragen einen unsichtbaren Rucksack mit uns herum. Dieser ist mit emotionalem Ballast in Form negativer Erfahrungen und Emotionen prall gefüllt. Auch die Kinder haben zum Teil schon einen recht schweren Rucksack zu tragen. Um jedoch mit den Widrigkeiten und Schicksalsschlägen des Lebens fertig werden zu können, ist es wichtig, Altlasten hinter sich zu lassen. Dabei unterstützt dieser Baustein.
Da das Thema für Kinder auf den ersten Blick recht komplex anmuten mag, habe ich mich hier für eine sehr praxisorientierte Herangehensweise entschieden. Zunächst basteln die Kinder mit einer Vorlage ihren Rucksack, den sie symbolisch mit Steinen befüllen. Anschließend überlegen sie, welche Dinge sie davon verzeihen können, und tauschen diese Steine gegen Herzen aus. Da die Papierherzen um einiges leichter sind, wird schnell klar: Verzeihen lohnt sich und befreit.

Baustein 7 Spiegelbilder

Nur wenn es uns gelingt, uns auf andere Menschen einzulassen und sie vorurteilsfrei anzunehmen, ist seelische Widerstandsfähigkeit möglich.
Da wir alle miteinander verbunden sind, fallen Neid, Missgunst und Herabstufungen gegenüber anderen stets auf uns selbst zurück, denn alles, was wir an anderen ablehnen, sind unsere eigenen Schattenanteile, die wir nicht wahrhaben wollen. Der erste Schritt, um dieses Verhalten zu ändern, liegt darin, Empathie für andere zu entwickeln. Sind wir in der Lage, uns in andere hineinzuversetzen, nehmen wir letztendlich deren Äußerungen und Verhaltensweisen nicht mehr persönlich. Dies wirkt unglaublich befreiend und ebnet den Weg zur Resilienz. Dabei möchte Sie der folgende Baustein in Form eines Spiels unterstützen.

Tipp für den Alltag

Ihnen wird in Ihrem täglichen Umgang mit den Kindern eine ganz besondere Rolle zuteil. Sie sind nicht nur Vorbild für die Kinder, sondern auch eine ihrer engsten Bezugspersonen. Mir ist bewusst, welch große Verantwortung hier auf Ihren Schultern liegt, und ich ziehe meinen Hut vor Ihnen.
Um die Kinder auf dem Weg zur Resilienz bestmöglich unterstützen zu können, ist es wichtig, dass Sie sich Ihrer Rolle stets bewusst sind. Die Kinder lernen von Ihrem Umgang mit anderen Menschen und ahmen diesen nach. Wenn Sie Ihrer Umwelt offen und liebevoll begegnen, übernehmen die Kinder dieses Verhalten. Deshalb ist es so wichtig, dass Sie während Ihrer Arbeit mit den Jungen und Mädchen versuchen, stets präsent zu sein und den Umgang ganz bewusst zu leben. Achtsamkeitsübungen, wie bewusstes Atmen oder das Fühlen der Gegenstände in Ihrer Hand, helfen Ihnen dabei, immer wieder zurück ins Hier und Jetzt zu kommen.

Beobachtungsbogen – Sozialkompetenz

Name des Kindes: ....

Geboren am: .... In der Kita seit: ....

Das Kind ...	**1 wenig**	**2**	**3**	**4**	**5 sehr**
verfügt über einen Gemeinschaftssinn.					
nimmt aktiv Kontakt zu anderen auf.					
kann Probleme ansprechen.					
weiß, dass es bei Problemen die Hilfe anderer einholen kann.					
knüpft Freundschaften.					
kann sich in andere hineinversetzen.					
weiß, dass Worte andere verletzen können.					
versucht, Streit zu schlichten.					

Besondere Bemerkungen: ....

....

ISBN 978-3-8346-4090-1 | www.verlagruhr.de

Baustein 1 Wir sind alle miteinander verbunden

Zeitbedarf: ca. 30 Minuten
+ Vorbereitungszeit ca. 5 Minuten

Ziel:
erkennen, dass wir alle auf unsichtbarer Ebene miteinander verbunden sind; Beziehungsfähigkeit stärken; Gemeinschaftssinn schaffen

Material:
- ✔ Foto von jedem Kind
- ✔ Wollknäul
- ✔ Bogen Tonkarton (DIN A3)
- ✔ Filzstift
- ✔ Bastelkleber

Vorbereitung:
Schreiben Sie den Namen Ihrer Kitagruppe als Überschrift auf den Bogen Tonkarton. Machen Sie vorab von jedem Kind ein Foto und drucken Sie dieses aus oder bitten Sie die Eltern, ein Bild ihres Kindes mitzubringen.

So geht's:
Stellen Sie sich mit den Kindern in einem Kreis auf. Achten Sie darauf, dass die Kinder genügend Bewegungsfreiheit haben, aber andererseits nicht zu weit voneinander entfernt stehen.
Werfen Sie nun einem Kind das Wollknäul zu. Halten Sie das Ende des Fadens gut fest. Begrüßen Sie das Kind dabei persönlich: „Hallo (Name des Kindes), schön, dass du heute hier bist."
Das Kind hält nun ebenfalls ein Stück des Fadens fest und wirft das Knäul einem anderen Gruppenkind zu. Dabei begrüßt es das Kind mit Namen.
Das Knäul wird nun so lange geworfen, bis jedes Kind ein Stück des Wollfadens in der Hand hält und sie gemeinsam ein schönes Netz gewebt haben.

Tipp

An dieser Stelle erlauben Sie mir bitte einen kleinen Hinweis. Fällt das Wollknäul runter, ist dies kein Drama. Hier geht es nicht darum, die Wurf- und Fangkünste der Kinder zu trainieren. Deshalb möchte ich Sie bitten, für eine entspannte Atmosphäre zu sorgen, bei der gemeinschaftliche Heiterkeit natürlich unbedingt erwünscht ist.

Betrachten Sie gemeinsam mit den Kindern Ihr Werk:

- *Schaut einmal, was wir gemeinsam geschaffen haben. Woran erinnert euch das?*
- *Woran denkt ihr, wenn ihr unser (Spinnen-)Netz betrachtet?*
- *Wir alle sind immer miteinander verbunden. Nur dass wir das normalerweise nicht sehen können. Wie fühlt sich dieser Gedanke für euch an?*

Gestalten Sie zum Abschluss der Runde gemeinsam mit den Kindern das Plakat. Reichen Sie dazu jedem Kind sein Foto, das es an einen Platz seiner Wahl auf den Bogen Tonkarton klebt. Schneiden Sie währenddessen für jedes Kind ein Stück vom Wollknäul ab. Mit dem Faden verbinden die Kinder ihr Foto mit dem eines anderen Gruppenkindes und kleben ihn fest. Auf diese Weise bleibt auch das Wollknäulspiel präsent. Hängen Sie das Plakat im Gruppenraum auf. Dort erinnert es die Kinder jederzeit daran, dass sie alle miteinander verbunden sind.

Baustein 2 Meine Trostspender, Mutmacher und Helfer

Zeitbedarf: ca. 25 Minuten
+ Vorbereitungszeit ca. 5 Minuten

Ziel:
sich der Vielzahl wichtiger Lebewesen im eigenen Leben bewusst werden; erkennen, dass man bei Problemen nicht allein sein muss

Material:

Für jedes Kind

- ✔ Vorlage „Meine Trostspender, Mutmacher und Helfer" (S. 87)
- ✔ Bogen Tonkarton (DIN A3)
- ✔ Schere
- ✔ Bastelkleber
- ✔ Buntstifte
- ✔ Musterbeutelklammer

Vorbereitung:
Kopieren und vergrößern Sie die Vorlage „Meine Trostspender, Mutmacher und Helfer" für jedes Kind auf DIN A3. Arrangieren Sie die Kopien zusammen mit den übrigen Materialien auf dem Maltisch.

So geht's:
Sobald Sie mit den Kindern am Maltisch Platz genommen haben, erhält jedes Kind eine Vorlage, die es zunächst auf Tonkarton klebt. Wer kann, darf die beiden Kreise ausschneiden. Den anderen leisten Sie Hilfestellung. Eventuell übernehmen Sie diesen Schritt bereits vorab.

In die freien Felder der kleineren Drehscheibe malt nun jeder je ein Lebewesen, mit dem er sich verbunden fühlt. Dies können Menschen oder Tiere sein, bei denen das jeweilige Kind Trost und Hilfe findet.
Die größere Drehscheibe schmückt jeder mit individuellen Motiven.

Sind beide Scheiben bemalt, so stecken Sie diese für jedes Kind zusammen. Dazu stechen Sie mit der Schere vorsichtig ein Loch in das entsprechende Feld in der Mitte beider Scheiben.
Anschließend legen Sie die kleinere auf die größere Drehscheibe und befestigen diese mit der Musterbeutelklammer miteinander.

Fertig sind die Drehscheiben, die jedem Kind einen Überblick über all die tollen Lebewesen in seinem Leben geben.

Nun können alle Kinder, die möchten, mit geschlossenen Augen ihre Drehscheibe drehen. Seinen Trostspender, Mutmacher und Helfer, der dann im Sichtfeld angezeigt wird, stellt jedes Kind nun den anderen vor und erzählt – wenn es möchte – in welchen Situationen es bereits Trost und Unterstützung bekommen hat.

Meine Trostspender, Mutmacher und Helfer

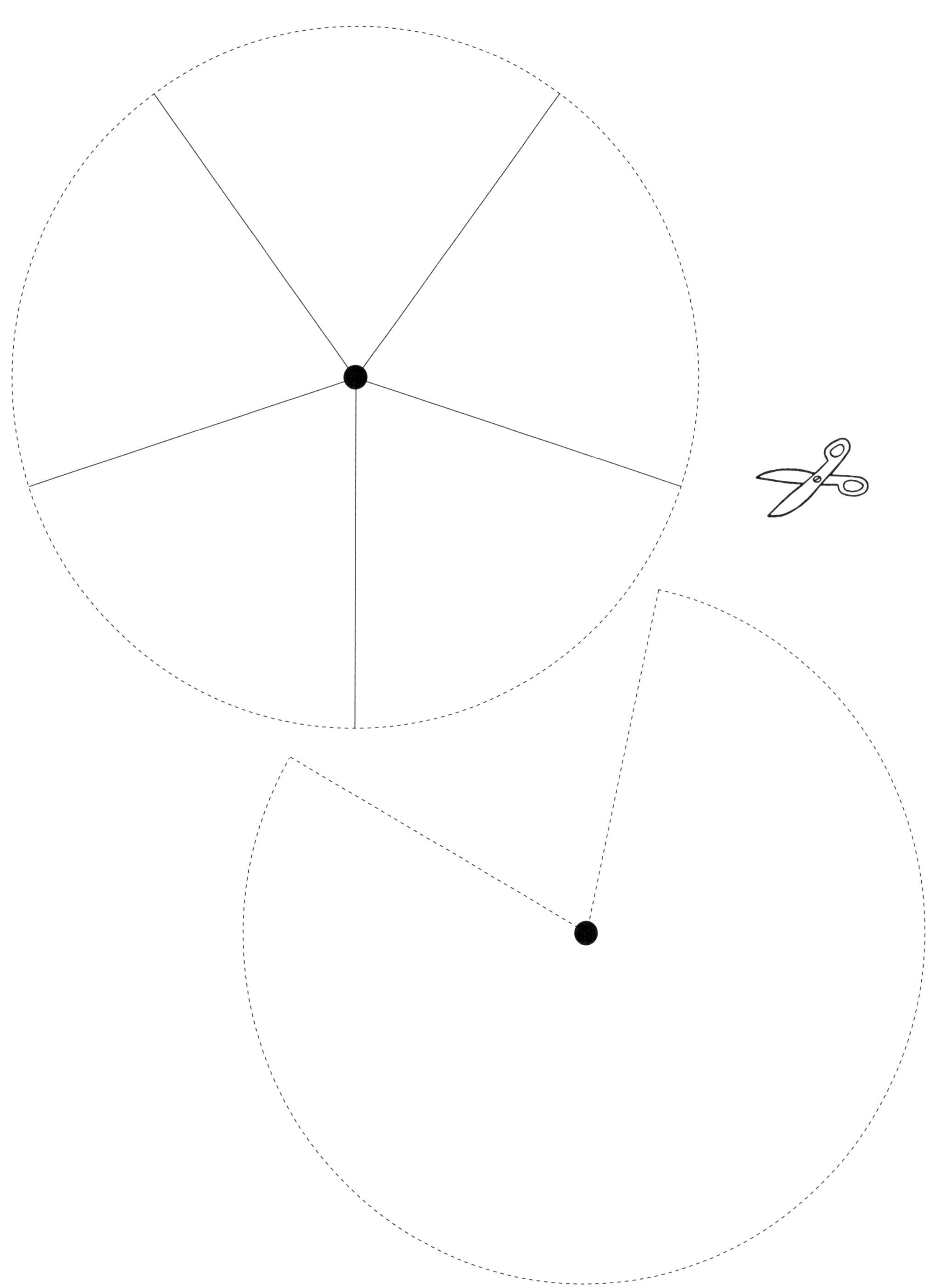

ISBN 978-3-8346-4090-1 | www.verlagruhr.de

Baustein 3 Ein Pangolin sein

Zeitbedarf: ca. 15 Minuten

Ziel:
Hilfsbereitschaft der Kinder stärken; Empathie entwickeln

Material:
- ✔ Decke für je 2 Kinder
- ✔ Vorlage „Ein Pangolin sein" (am besten als Farbkopie) (S. 89)

Für jedes Kind
- ✔ Turnschläppchen oder Stoppersocken
- ✔ bequeme Kleidung

Vorbereitung:
keine

So geht's:
Bilden Sie im Bewegungsraum mit den Kindern einen Sitzkreis. Zeigen Sie ihnen das Bild des Pangolins und erzählen Sie:

Die Pangoline

Weit weg im Regenwald wohnen Tiere, die Pangoline genannt werden. Schaut mal, so sieht ein Pangolin aus.
Das ist ein wunderschönes Tier, oder? Schau dir mal seinen Panzer an. Er schützt den Pangolin vor anderen Tieren. Bei Gefahr rollt sich der Pangolin ein wie ein Igel und sein Panzer schützt ihn. Der Panzer ist sehr hart, sodass niemand den Pangolin verletzen kann.
Doch leider hat der Pangolin einen schlimmen Feind. Es ist der Mensch, der die Pangoline jagt und fängt, um sie zu essen oder Medikamente aus ihnen herzustellen. Deshalb gibt es nur noch wenige Pangoline. Wenn die Menschen nicht damit aufhören, sind die Pangoline bald ausgestorben.

Sprechen Sie mit den Kindern über das, was Sie berichtet haben, bevor Sie gemeinsam das folgende Spiel spielen:

Bestimmen Sie ein Kind als Fänger und teilen Sie die restlichen Kinder in 2er-Teams ein.
Je zwei Kinder spielen gemeinsam einen Pangolin. Sie stellen sich hintereinander, legen die Decke über sich und laufen zusammen durch den Bewegungsraum, ohne die Decke zu verlieren. Das vordere Kind sollte dabei noch sehen können.
Das Fänger-Kind versucht nun, einen Pangolin zu erwischen. Schafft es der Fänger, einem Pangolin die Decke wegzuziehen, werden diese beiden Kinder automatisch auch zu Fängern.
Spielen Sie das Spiel so lange, bis nur noch ein Pangolin übrig ist. Dies könnte sehr schnell gehen, da die Bedingungen unfair sind, das werden die Kinder schnell merken.

Kommen Sie abschließend noch einmal im Sitzkreis zusammen und besprechen Sie das Erlebnis:

- *Wie hast du dich, als Pangolin bzw. als Fänger gefühlt?*
- *War es leicht für dich mit dem anderen Kind gemeinsam das Tier zu spielen, oder ist es dir schwergefallen?*
- *Woran lag das?*
- *Was denkst du: Wie fühlen sich die Pangoline, wenn sie so gejagt werden?*

Ein Pangolin sein

ISBN 978-3-8346-4090-1 | www.verlagruhr.de

Baustein 4 Wörter können wehtun

Zeitbedarf: ca. 20 Minuten

Ziel:
erkennen, dass Wörter auch negativen Einfluss haben können; Verwendung von Schimpfwörtern überdenken

Material:
- ✔ Blatt Papier
- ✔ Stift
- ✔ Feuerschale
- ✔ Feuerzeug

Vorbereitung:
keine

So geht's:
Bitten Sie die Kinder, zunächst reihum Schimpfwörter zu nennen, die sie kennen. Notieren Sie diese Wörter auf Ihrem Zettel. Auch wenn Ihnen dies zunächst seltsam erscheinen mag, bitte ich Sie, diesen Schritt nicht auszulassen und den Kindern völlig wertungsfrei die Gelegenheit zu geben, einmal alle Schimpfwörter auszusprechen – selbstverständlich ohne diese gegen jemand anderen zu richten.
Legen Sie den Zettel zunächst beiseite, ohne weiter darauf einzugehen. Lesen Sie den Kindern stattdessen die folgende Geschichte vor:

Das Schneckenhaus

Schorsch ist eine glückliche Schnecke. Jeden Morgen zieht er lange Spuren über seine Lieblingswiese. Schorsch genießt es, das kühle Gras an seinem Schneckenbauch zu spüren. Für ihn gibt es nichts Schöneres.
Als Schorsch eines Morgens ein ausgiebiges Sonnenbad genießt, stößt plötzlich etwas Hartes gegen sein Schneckenhaus.
„Aua, kannst du nicht aufpassen?", mault Schorsch. Er schaut mit seinen langen Fühlern nach oben. Dort entdeckt er ein riesiges Fellknäul. Es ist Scharlin, das Schaf. Auch Scharlin hat inzwischen die winzige Schnecke im Gras entdeckt.
Das Schaf Scharlin schreit entsetzlich laut auf. Es ekelt sich vor Schorschs glitschigem und schleimigem Körper. „Bäh, was bist du denn für ein fieses, schleimiges Etwas? Du bist ja eklig!", Scharlin rümpft die Nase.
Langsam, wie eine Schnecke nun mal ist, zieht sich Schorsch in sein Schneckenhaus zurück. Er ist traurig. Scharlins Worte haben die kleine Schnecke tief verletzt. Doch Scharlin bemerkt von alldem nichts. Das Schaf ist einfach nur froh, dass die Schnecke endlich verschwunden ist.

Nutzen Sie die folgenden Fragen zur Reflexion:

- *Wen hat Schorsch auf der Wiese getroffen?*
- *Was hat Scharlin zu ihm gesagt?*
- *Wie fühlt sich Schorsch jetzt?*
- *Hat auch schon einmal jemand etwas Gemeines zu dir gesagt? Wie war das für dich?*

Gehen Sie zum Abschluss der Runde nach draußen. Lesen Sie dort noch einmal alle gesammelten Schimpfwörter auf Ihrem Zettel vor. Erinnern Sie die Kinder daran, dass alle diese Wörter andere Lebewesen verletzen können. Legen Sie den Zettel in die Feuerschale* und verbrennen Sie diesen symbolisch. Falls es nicht möglich ist, ihn zu verbrennen, können Sie ihn alternativ zerreißen (lassen).

* Seien Sie sehr vorsichtig und bedacht, wenn Sie mit offenem Feuer hantieren. Entfernen Sie brennbare Gegenstände aus der unmittelbaren Umgebung. Die Feuerschale sollte auf festem, nicht brennbarem Untergrund stehen und die Kinder müssen einen Sicherheitsabstand einhalten. Wir empfehlen ein Feuerzeug mit langem Stiel.

Baustein 5 Manchmal gibt es Streit

Zeitbedarf: ca. 15 Minuten
+ evtl. Vorbereitungszeit ca. 5 Minuten

Ziel:
über Streitgründe nachdenken; sich der eigenen Erfahrungen bewusst werden

Material:
✓ Liedtext „Der Kuckuck und der Esel"

Vorbereitung:
Wenn Ihnen die Melodie des Klassikers nicht geläufig sein sollte, machen Sie sich vorab damit vertraut. Im Internet können Sie sich das Lied auf diversen Plattformen kostenlos anhören.

So geht's:
Singen Sie den Kindern den Liedtext von „Der Kuckuck und der Esel" zunächst vor. Da das Lied recht alt ist, könnten den Kindern manche der darin enthaltenen Wörter Schwierigkeiten bereiten. Deshalb ist es ratsam, den Inhalt zunächst gemeinsam zu besprechen, bevor Sie das Lied gemeinsam singen.
Im Folgenden finden Sie entsprechende Impulse:

- *Welche Wörter kennst du nicht?*
- *Worum geht es in dem Lied?*
- *Worüber streiten sich der Esel und der Kuckuck?*
- *Wie lösen sie ihren Streit?*
- *Hattest du auch schon einmal Streit mit jemandem? Worum ging es dabei?*
- *Wie hat sich der Streit für dich angefühlt?*
- *Wie habt ihr den Streit gelöst?*

Der Kuckuck und der Esel

1. *Der Kuckuck und der Esel,*
die hatten einen Streit,
wer wohl am besten sänge,
wer wohl am besten sänge
zur schönen Maienzeit,
zur schönen Maienzeit.

2. *Der Kuckuck sprach: „Das kann ich!"*
und fing gleich an, zu schrein.
„Ich aber kann es besser,
ich aber kann es besser!",
fiel gleich der Esel ein,
fiel gleich der Esel ein.

3. *Das klang so schön und lieblich,*
so schön von fern und nah,
sie sangen alle beide,
sie sangen alle beide:
„Kuckuck, kuckuck, i-a,
kuckuck, kuckuck, i-a!"

Melodie: Carl Friedrich Zelter (1758-1832)
Text: August Heinrich Hoffmann von Fallersleben (1798-1874), 1835 zu der Melodie von Zelter gedichtet

Baustein 6 Mein unsichtbarer Rucksack

Zeitbedarf: ca. 30 Minuten

Ziel:
sich von emotionalem Ballast befreien; mit sich selbst ins Reine kommen; sich für das Verzeihen öffnen

Material:
- ✔ Wachstischdecken oder Zeitungspapier

Für jedes Kind
- ✔ Vorlage „Mein unsichtbarer Rucksack" (S. 93)
- ✔ Vorlage „Ich verzeihe" (S. 94)
- ✔ Bogen Pappe DIN A3
- ✔ Schere
- ✔ Bastelkleber
- ✔ 4 flache, schwere Kieselsteine
- ✔ Filzstift

Vorbereitung:
Kopieren Sie die beiden Vorlagen für jedes Kind auf DIN A3 vergrößert.
Decken Sie den Basteltisch mit Wachstischdecken ab. Legen Sie dort für jedes Kind die benötigten Bastelmaterialien bereit.

So geht's:
Erzählen Sie den Kindern, dass jeder Mensch einen unsichtbaren Rucksack mit sich herumträgt. In diesem Rucksack, den wir nicht sehen können, tragen wir all unsere Probleme mit uns herum.
Haben wir mit jemandem Streit, sind wir sauer auf denjenigen oder hat derjenige uns mit Worten verletzt, so stecken wir diese Erfahrung in den Rucksack.

Teilen Sie nun jedem Kind vier Kieselsteine aus. Darauf malt es, was es einem anderen Menschen noch nicht verziehen hat. Vielleicht war mal jemand gemein zu ihm oder hat es gehänselt. Sofern das Kind hier noch Ärger, Wut, Groll oder auch Traurigkeit empfindet, so hat es dem Menschen noch nicht verziehen.

Nun bastelt sich jedes Kind einen Rucksack. Dazu erhält es eine Rucksack-Vorlage, die es auf Pappe klebt und ausschneidet. Jeder kann seinen Rucksack nun bemalen und seinen Namen darauf schreiben (lassen). An den Linien falzt das Kind die Vorlage, bevor es den Rucksack an den Markierungen zusammenklebt. Unterstützen Sie bei diesen Schritten, falls nötig.
Sobald der Rucksack fertig ist, legt jedes Kind seine bemalten Kieselsteine hinein und stellt dabei sicher fest, dass das ganz schön schwer ist.
Anschließend schneidet jedes Kind die Herzen aus. Erklären Sie den Kindern, dass wir die Dinge in unserem Rucksack nur dadurch leichter machen können, indem wir anderen verzeihen. Zu verzeihen, bedeutet dabei nicht, dass wir das, was der andere gemacht hat, gut finden. Verzeihen heiß vielmehr, dass wir das, was geschehen ist, annehmen und akzeptieren, dass wir es nicht ändern können.
Jedes Kind überlegt nun, bei welchem seiner Steine ihm das gelingen mag. Welche Dinge kann es verzeihen? Die entsprechenden Steine tauscht das Kind dann jeweils gegen ein ausgeschnittenes Herz aus. Lassen Sie die Kinder fühlen, wie viel leichter der Rucksack nun geworden ist. Falls die Kinder möchten, können sie darüber erzählen.

Mein unsichtbarer Rucksack

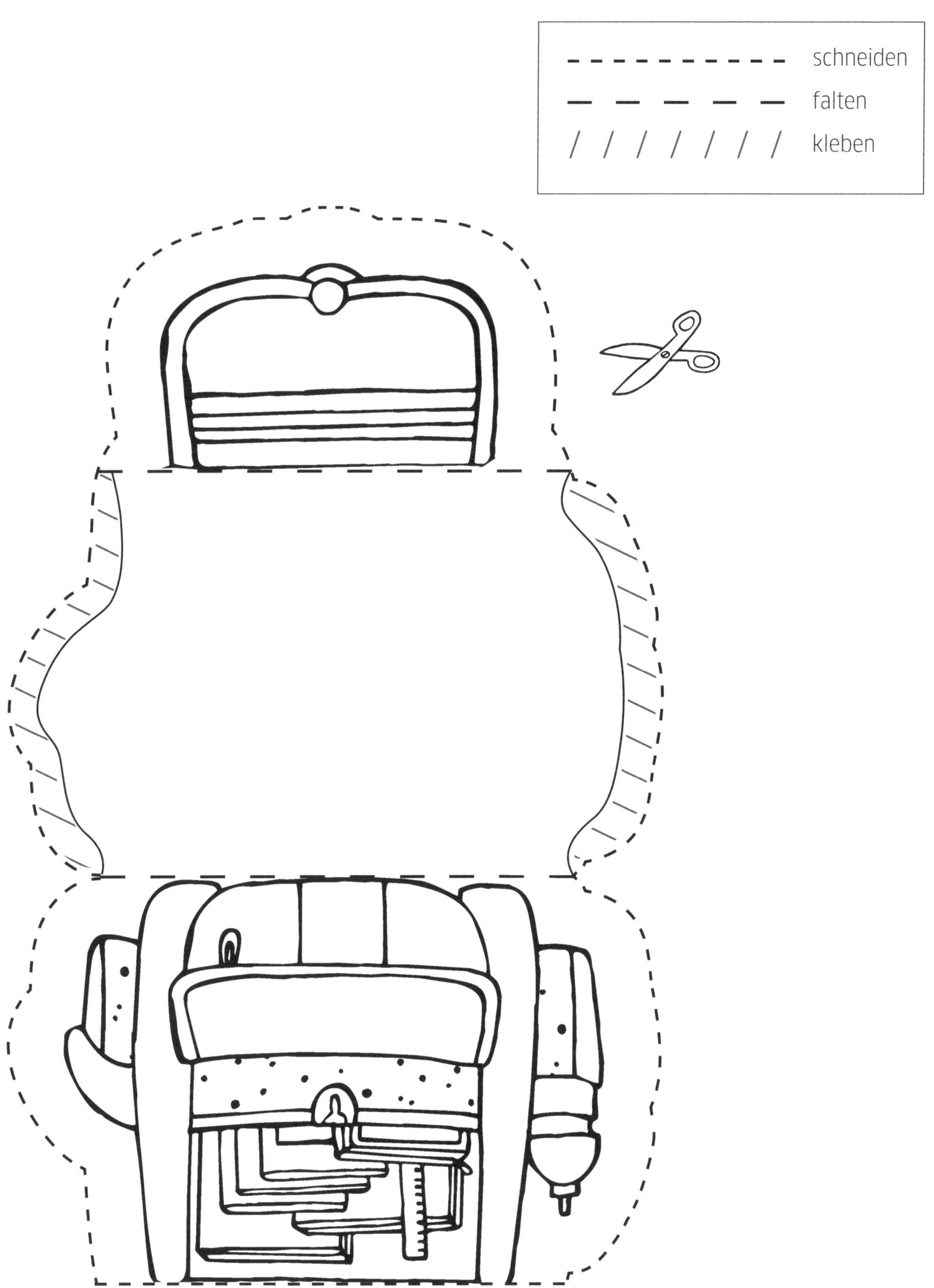

ISBN 978-3-8346-4090-1 | www.verlagruhr.de

Ich verzeihe

ISBN 978-3-8346-4090-1 | www.verlagruhr.de

Baustein 7 Spiegelbilder

Zeitbedarf: ca. 10 Minuten

Ziel:
sich aufeinander einlassen; Perspektiven übernehmen; Empathie ausbilden

Material:
Für jedes Kind
- ✔ Turnschläppchen oder Stoppersocken
- ✔ bequeme Kleidung

Vorbereitung:
keine

So geht's:
Führen Sie die Kinder in den Bewegungsraum. Hier wählt jedes Kind einen Partner. Ist dies aufgrund ungerader Kinderzahl nicht möglich, kann eine 3er-Gruppe gebildet werden.

Sobald sich die Teams gefunden haben, erzählen Sie den Kindern, dass sie heute Spiegelbilder machen. Nun dürfen die Kinder zunächst Mutmaßungen anstellen, was es damit auf sich haben könnte. Anschließend führen Sie eine Übung gemeinsam aus. Stellen Sie sich für alle Kinder gut sichtbar auf. Schneiden Sie eine Grimasse und winkeln Sie dabei ein Bein an. Bitten Sie die Jungen und Mädchen, dieses Bild zu spiegeln. Nun nehmen Sie eine andere Haltung ein und bitten die Kinder, auch diese zu spiegeln. Sobald allen klar ist, worum es bei diesem Spiel geht, werden die Paare selbst aktiv.

Dazu stellen sich die Kinder jeweils einander gegenüber. Das kleinste Kind beginnt, indem es Grimassen und/oder eine Körperhaltung einnimmt, die sein Partner dann spiegelt.
Auf Ihr Zeichen hin wechseln die Paare ihre Rollen, sodass jedes Kind einmal als Spiegel fungiert.

Wenn Sie das Gefühl haben, dass es Zeit wird, das Spiel zu beenden, kommen Sie mit den Kindern im Sitzkreis zusammen. Wer möchte, darf hier von seinen Erfahrungen berichten. Dabei können Sie die folgenden Fragen stellen:

- *Wie hat dir das Spiel gefallen?*
- *Woran lag das?*
- *Ist es dir leichtgefallen, das nachzumachen, was dein Partner dir vorgemacht hat?*
- *Woran lag das?*

Lied Glaube an dich

Text und Melodie: © Thomas Koppe,
www.kinderliedermacher-koppe.de